纪念田华同志从事革命文艺工作80周年

1961年,新侨饭店全国故事片创作会议在京召开期间,敬爱的周恩来总理与电影艺术家在北京香山。(前排左起:黄宗英、于蓝、金迪、秦怡、田华、于洋,后排:陈荒煤、王冰、陈戈、苏里、岳野、王家乙、浦克、吴天、瞿白音、张辛实等)

1955年,一张特殊的合影——在故事片《白毛女》中扮演喜儿的田华、在歌剧《白毛女》中扮演喜儿的王昆(左二)、在由日本改编的芭蕾舞剧《白毛女》中扮演喜儿的松山树子(左三)和敬爱的周恩来总理在一起留下珍贵的合影

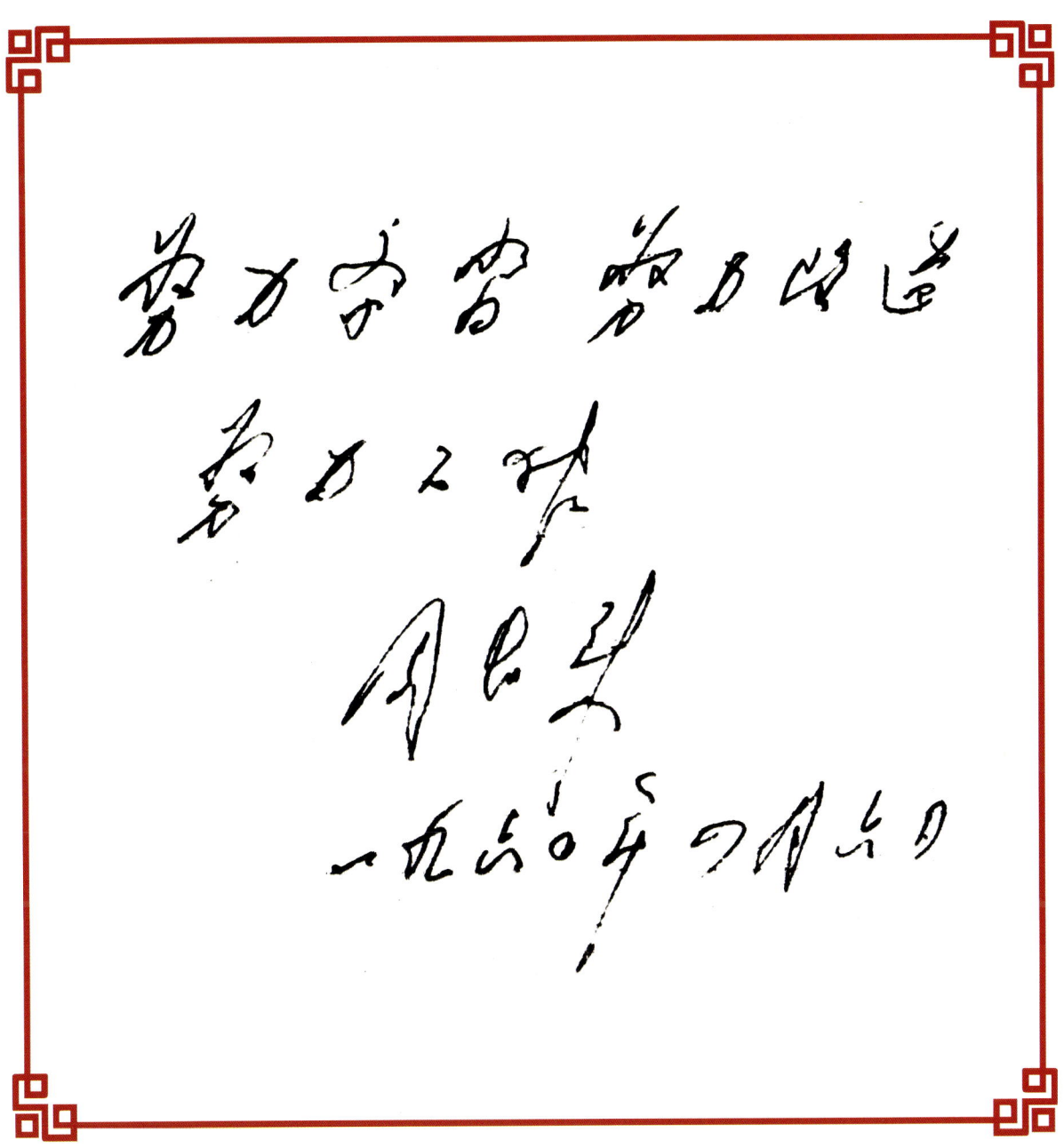

敬爱的周恩来总理于1960年4月6日在北京中南海怀仁堂为田华同志题字:"努力学习,努力改造,努力工作。"原件已由中国人民革命军事博物馆收藏

20世纪80年代,田华与苏凡夫妇应聂荣臻元帅(原晋察冀军区司令员兼政委)和夫人张瑞华之邀,前往聂帅家中做客。想当年,田华12岁参加革命就在聂帅的亲切关怀下不断成长,如今再次相遇,格外亲切。田华夫妇与张大姐在聂帅面前无拘无束,谈笑风生

聂荣臻元帅亲笔为田华同志从事革命文艺工作五十周年题词："我们的文艺工作者必须坚持为人民服务、为社会主义服务的方向。田华同志实践了这一点，五十年来成就辉煌！"

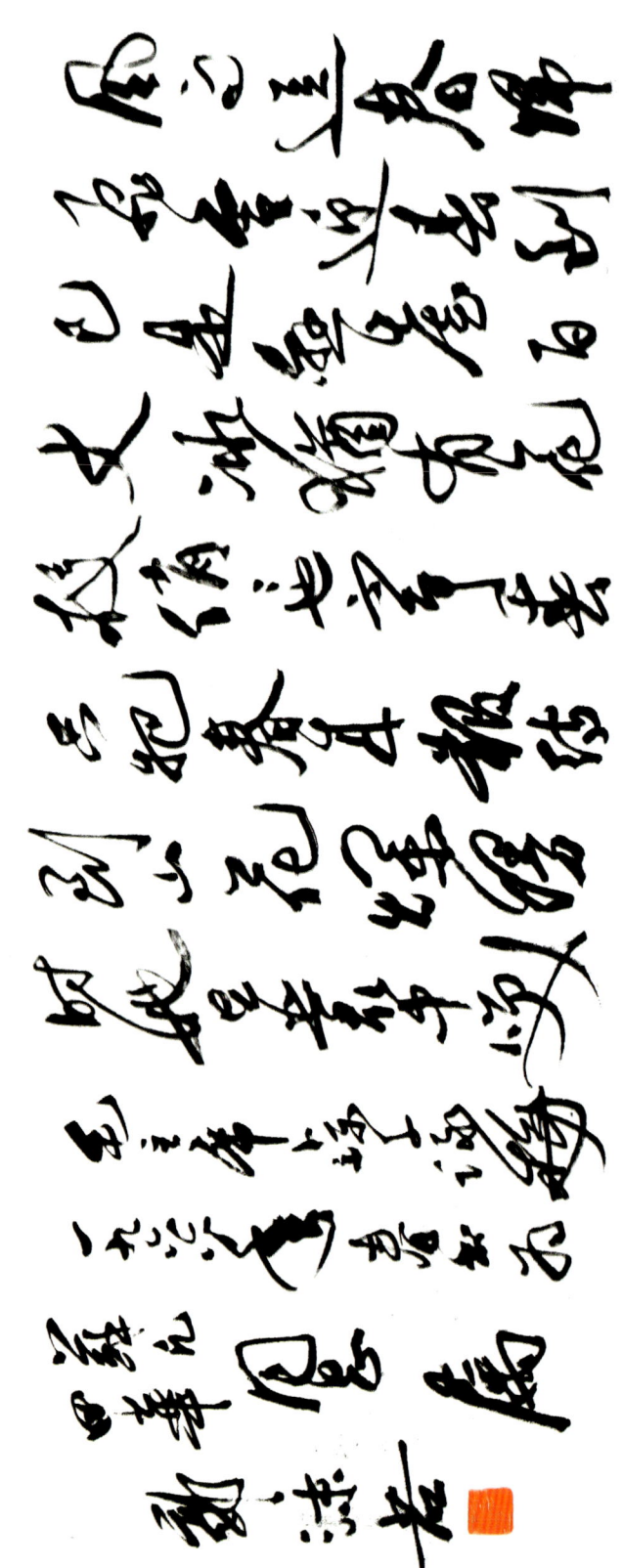

郭沫若手书毛泽东诗词《咏梅》赠田华、苏凡同志："风雨送春归，飞雪迎春到。已是悬崖百丈冰，犹有花枝俏。俏也不争春，只把春来报。待到山花烂漫时，她在丛中笑。"

1978年，日本松山芭蕾舞团来华访问演出期间，受到邓颖超大姐的亲切接见。

从左至右：歌剧、芭蕾舞剧、电影《白毛女》的扮演者，王昆、森下洋子（日）、田华、松山树子（日）和邓颖超

从左至右：王昆、松山树子、邓颖超、森下洋子、田华

赠田华同志

阳翰笙

当年惊赞白毛女

今日齐夸好法官

艺术青春应常在

喜看田华创新篇

82年1月17日.

阳翰笙同志观看影片《法庭内外》后，书赠田华同志："当年惊赞白毛女，今日齐夸好法官，艺术青春应常在，喜看田华创新篇。"

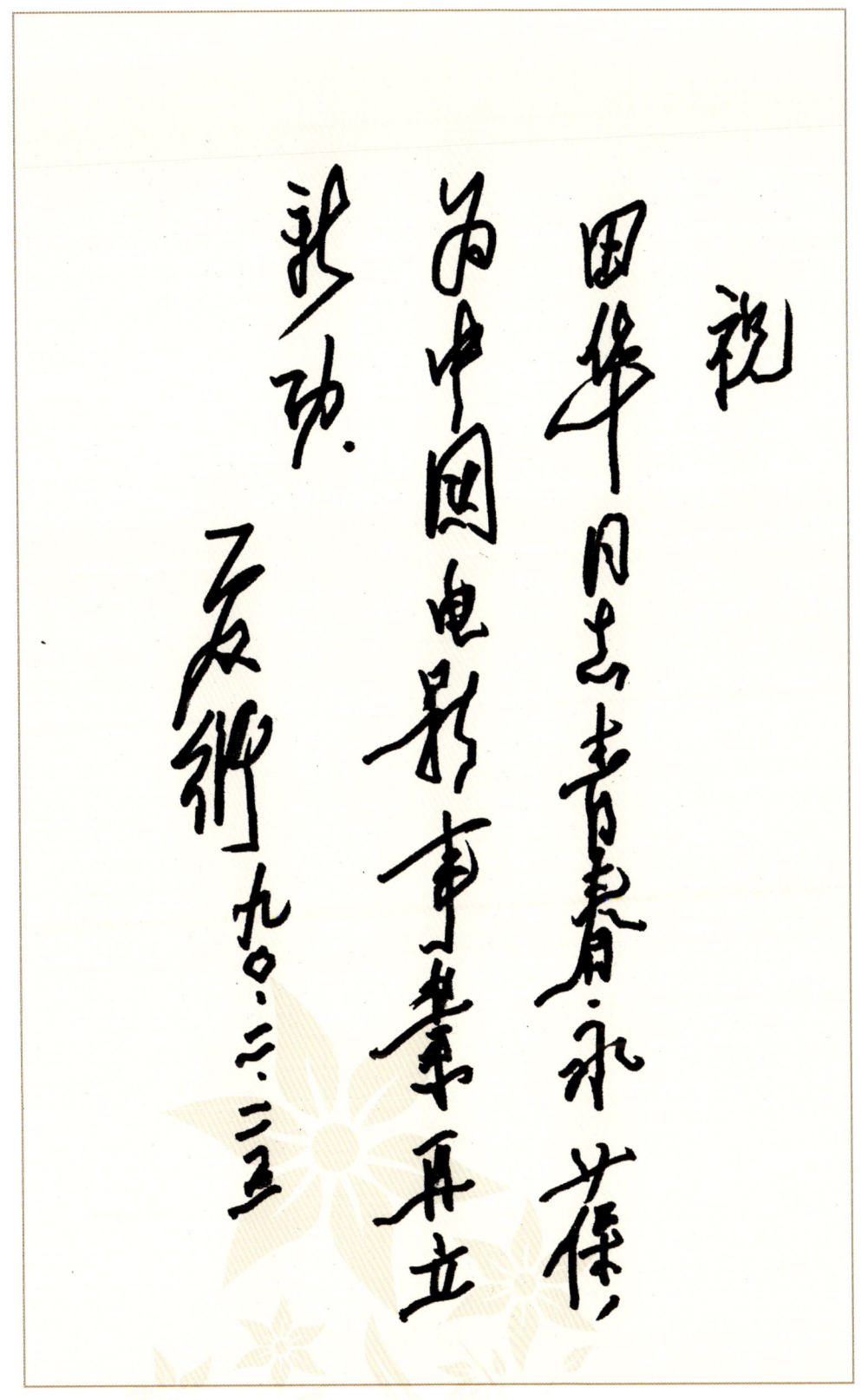

田华同志从事革命文艺工作五十周年，夏衍同志题词："祝田华同志青春永葆，为中国电影事业再立新功。"

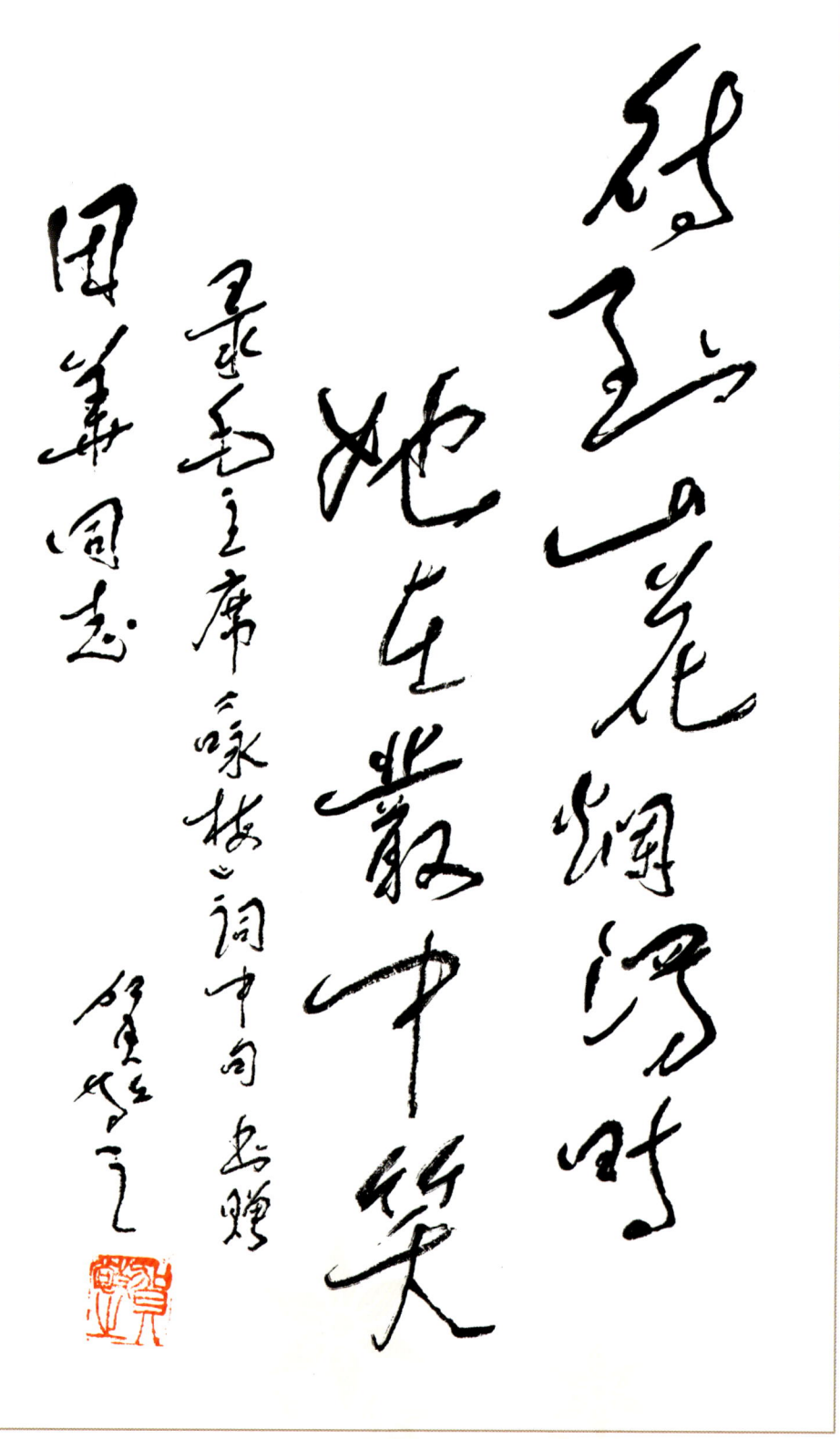

2018年2月，贺敬之同志手书毛泽东主席诗词《咏梅》诗句"待到山花烂漫时，她在丛中笑"赠田华

目录

[序 言]

田华：新中国影坛第一朵盛开的报春花 ·········· 1

第一编　烽火硝烟中盛开的小花

从刘"天花"到田华 ·········· 5

抗敌剧社的"红小鬼" ·········· 7

学打"霸王鞭" ·········· 12

第二编　新中国银幕和舞台上的光荣绽放

喜儿，"开麦拉" ·········· 31

中央戏剧学院"表训班" ·········· 49

生不逢时的《花好月圆》 ·········· 58

《党的女儿》再现银幕风采 ·········· 65

战天斗地《江山多娇》 ·········· 73

建国十周年献礼片《风暴》 ·········· 79

解放海南岛：《碧海丹心》 ·········· 83

《夺印》：一场特殊的斗争 ·········· 91

客串《白求恩大夫》演活了冯军医 ·········· 95

意外得到的《秘密图纸》 ·········· 99

《法庭内外》主演铁面无私女法官 ·········· 104

从红花到绿叶 ·········· 112

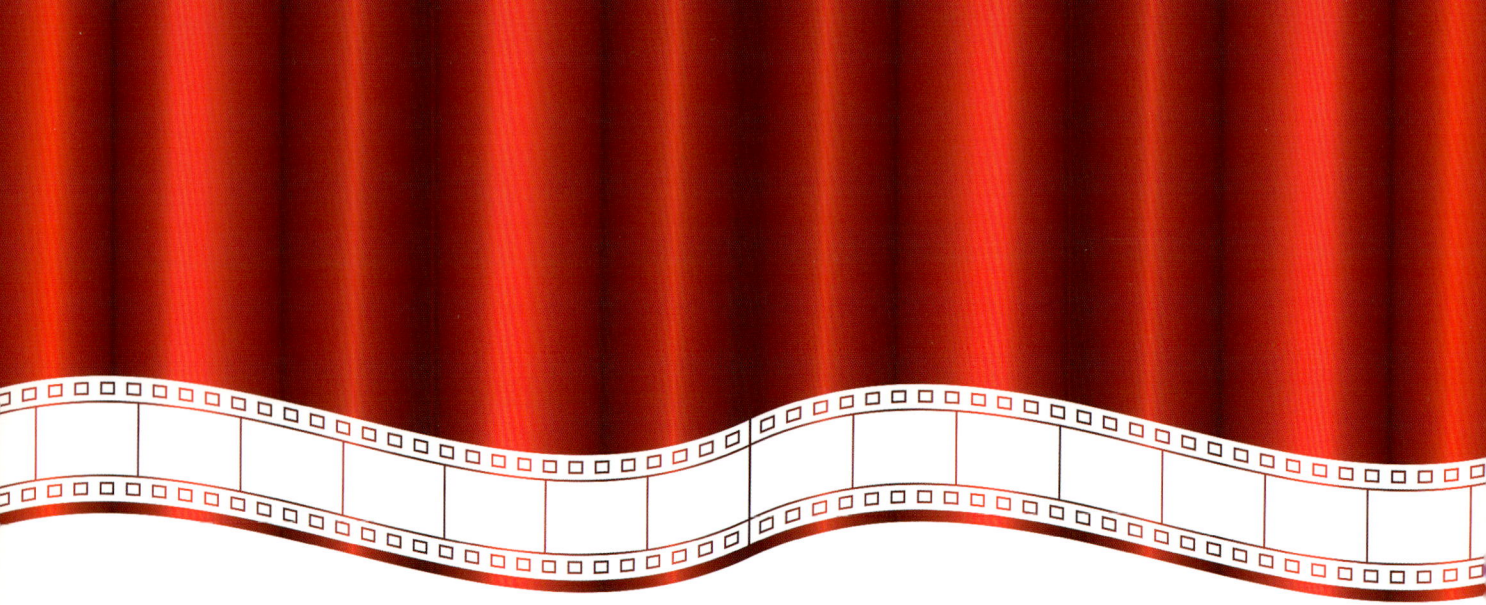

第三编　银幕之外也芬芳

与人民同心　与时代同步 …………………………………………………… 127

战友情深　亲如家人 ………………………………………………………… 151

携手同行　共叙友情 ………………………………………………………… 161

友好往来　传播友谊 ………………………………………………………… 190

田华从事革命文艺工作五十周年（1940—1990）纪念活动集萃 ………… 206

真实　激情　质朴——浅谈田氏表演风格 / 宋春丽 …………………… 211

新中国电影史上的灿烂之星——田华电影创作概述 / 刘诗兵 ………… 215

第四编　温馨家庭

一张糖纸定终身 ……………………………………………………………… 222

大红宫灯高高挂 ……………………………………………………………… 228

第五编　她，就是党的女儿

当选新中国"22 大电影明星" ……………………………………………… 246

田华在不同时期荣获的勋章和奖章 ………………………………………… 249

荣获中国电影金鸡奖终身成就奖 …………………………………………… 251

永远做党的女儿 ……………………………………………………………… 256

［编后记］ …………………………………………………………………… 264

[序 言]

田华：新中国影坛第一朵盛开的报春花

胡 可

用图文全面而详细地介绍田华同志一生演艺生涯的画册正在编撰当中，闻之百感交集。这本书的序言本该由我们的老领导丁里、汪洋或刘佳同志来作的，而他们三位都已经作古；田华当年所在舞蹈队的队长郑红羽同志已走了60多年了。后面的老队长杜烽同志正在病中，熟识的老战友已寥寥无几。田华同志让我作序，我义不容辞并感到荣幸，接受邀请后便时时处于往事的回忆之中。

我们解放军这支人民军队，从红军时候起，为鼓舞斗志活跃部队，就建有宣传队并发展为剧社，除编演戏剧、演唱歌曲外，还从部队抽调一部分小同志，由从苏联回来的同志传授红军舞蹈。学跳红军舞蹈的小同志被亲切地称为"小鬼"。抗日战争中晋察冀军区抗敌剧社的舞蹈队，从1939年开始吸收农村聪敏的小女孩。田华同志是我们那个剧社最早的女"小鬼"。在我们这个革命集体当中，小同志们和大同志们一起，早晨集合练声，演戏时搭台拆台，行军中跋山涉水走夜路，住下来帮房东挑水扫院子、干些农活。小同志早早离开父母亲人，往往受到房东大娘大嫂的怜爱。

抗日战争中期，敌后环境更为严酷，冀中平原被敌寇控制，冀西根据地人多粮少，为精兵简政，非战斗人员转回陕甘宁，剧社儿童演剧队撤销。为演剧需要,剧社只留四个小同志:两个小男同志是陈雨然和孙玉雷,两个小女同志是田华和华江。

1943年秋天,抗敌剧社经历了历次反"扫荡"中延续时间最久、损失最大的一次反"扫荡"。在这场反"扫荡"中,剧社有六位同志牺牲,六位同志中包括极有才华的小同志陈雨然。另一位小同志孙玉雷则负重伤,子弹从他的左眼下射入,从左耳后射出,幸未危及生命。反"扫荡"以后,我们的戏剧演出,扮演儿童角色的也只有田华、华江两位了。

田华同志从抗日战争后期已显示出她的表演才能。在1944年丁里同志创作的大型话剧《子弟兵和老百姓》中,她扮演的年轻女孩常官儿已给观众留下深刻印象。随着身高的增长,在抗战胜利后张家口的剧场演出中,还有解放战争中随部队活动期间演出的话剧、歌剧、活报剧中,田华同志已经是经常登台的一位小"老演员"了。1948年,田华又成功地在话剧《大清河》中扮演了女主角长发妻,而受到立小功奖励。我作为创作人员常脱离剧社活动,但对剧社演出的活报剧中田华同志扮演的"宋美龄"形象还依稀记得。1949年1月15日天津解放,16日剧社就进入天津编排了活报剧《蒋匪末日》,田华同志小小的年龄扮演宋美龄,跟贾六扮演的蒋介石,表演起来还真是像模像样。

1949年新中国成立前夕,我们有了自己的电影厂,一部分戏剧工作者转到电影事业中来。最早建立的东北电影制片厂,决定把解放区的著名歌剧《白毛女》搬上银幕。为选择扮演喜儿的演员,汪洋积极引荐,影片中黄世仁的扮演者陈强同志也推荐了形象淳朴、熟悉农村生活又有表演功底的田华同志。从1950年银幕上的喜儿形象开始,田华同志步入了她投身祖国电影事业的一生。

田华同志参加拍摄的影片,我没有全看过,记忆中印象深的除《白毛女》中的喜儿外,有《党的女儿》中的李玉梅形象,有《江山多娇》中的岳仙形象,此外还有她在《碧海丹心》中饰演的金小妹,在《秘密图纸》中饰演的石云,在《法庭内外》中饰演的尚勤等,都是勤劳正直的劳动妇女或干练刚毅的女干部形象。这些艺术形象的感染力,使田华成为新中国成立以来最受广大电影观众爱戴的演员之一,并入选为"新中国人民演员",即"二十二大电影明星"。

匆匆几十年过去,我们的国家经历了沧桑巨变,早已不是当年的样子。当年和我们一同搭台演戏,一同爬山走路的老同志,新中国成立以后在不同工作岗位上做出过贡献的老战友,许多已不在人世。当年晋察冀军区抗敌剧社的大同志小同志,活到今天的只有寥寥数人。前年为庆祝抗日战争胜利70周年,在首都举行了盛大的阅兵式。当我在电视上看到身着军装的田华、华江两位同志作为抗日战争的老战士,坐在大轿车上经过天安门广场的镜头时,我昏花的老眼竟一时热

泪盈眶。她们两位，在我的心目中一直是小同志，其实她俩只比我小六七岁，当年我的身高已是成人，她俩还处于少年，而今则都是白发苍苍的耄耋老人了。

田华同志的成就，使我联想到当年抗敌剧社那个二十几个人的"小鬼"队，除了几位牺牲的同志，好几位后来成为军内外文艺团体的领导人，有的成为独当一面的剧作家、画家、摄影家、大学教授、某一行业的开拓者；联想到我熟识的兄弟剧社小同志中涌现的著名人物，联想到我军那些出身贫苦农家而战功赫赫的将军们，不禁思考是什么原因推动了他们辉煌的一生。艰苦的战争生活对意志的磨炼和艺术创作的实践是最为重要的。他们早已脱离开家庭、亲人的呵护，却也没有家务的拖累；他们失去父母的疼爱，却有革命队伍中同志们的友谊。风餐露宿、跋山涉水是劳累的，而跟大同志们唱歌演戏却使他们早早进入艺术的实践之中。今天回想起来，他们的童年一方面是居无定所、食不果腹，而另一方面是革命道理的浸润和名著名曲的熏陶。既是苦难，又是幸福；既是炼狱，又是学府。而这样的学府已经一去不返。

田华同志的爱人苏凡同志既是一位舞台美术家，也是一名颇有才华的电影导演，他和田华同志相濡以沫六十多年，可惜身患癌症竟于去年去世。他去世前，他们疼爱的小儿子因癌症去世。两个癌症病人的医疗花费，曾使田华同志原本宽裕的家庭变得困窘，这种情况被人知晓后引来组织上和关心者的支援，却被她一一谢绝，并把16万元捐款送到了焦裕禄精神发源地兰考县的农村小学。

田华同志社会活动频繁，并未受家事影响；她的这一举动，进一步赢得了同志们的尊重。

谨以上述文字，作为此书的序言。

（胡可，著名剧作家、原总政治部文化部副部长、原中国人民解放军艺术学院院长，中国戏剧家协会副主席，代表作品有《戎冠秀》《战线南移》《战斗里成长》《英雄的阵地》《槐树庄》等）

2017年4月17日

第一编

烽火硝烟中盛开的小花

我和田华同志认识已有五十年多了。当年儿童舞蹈队的同志,还有华江同志和我,都是同田华一起成长的。她们真可谓是"抗敌沃土培植了艺术秀苗,党的阳光沐浴出绚丽之花"。

抗敌剧社对我们少年儿童的教育是使我们永志不忘的。我们的领导丁里同志、汪洋同志、刘佳同志,对"小鬼"队是非常关怀的。很多同志如胡朋、林苇都给我们当老师。另外,为了女同志生活方便,专门派了车毅同志当她们的班长,带领她们。有几件事我特别感动。

当时剧社的领导,宣传部长潘自立同志,他是在苏联留过学的,每个礼拜骑着马跑八九里路,给我们讲社会主义、讲苏联、讲共产主义理想。我们的聂帅,对小同志关心到什么程度呢,说小同志不要打绑腿,这样会影响他们的发育。我记得大同志对小同志特别关心,白天反"扫荡",晚上行军特别困,田华就让胡朋掐她,她说:"你掐疼了,我就不困了。很多事情,我就得在我们学起步的时候,开始养成。"

确实,抗敌剧社是一片沃土,我曾记得鲁迅说过这样的话:"要有好土才能有好花。"在某种意义上说,好土可能比好花更重要,所以,应当感谢抗敌剧社培养了田华这一好苗子。

(魏风,原中国人民解放军艺术学院政委)

田华出生地 河北省保定地区唐县高昌乡南放水村

从刘"天花"到田华

  1928年的夏天，田华出生于河北省唐县一个贫苦农民家庭。生不逢时的田华，正赶上村子里闹天花。田华的父母听人说，如果给刚出世的孩子取个名字叫"天花"，就可以避免被传染，还可以避邪祛病，逢凶化吉。于是，父母给大排行"天"字辈的孩子取名刘天花。

  田华的祖父靠贩卖食盐维持全家老小过日子。一度发家，但很快因经营不善而倾家荡产。父亲刘洛货排行老四，家里的八口人，过着糠菜半年粮的苦日子，有时还要靠借贷才能勉强生活。由于总是不能及时还债，每到年关，父亲只得四处躲债。贫穷生活的重压，付出和收获的失衡，使田华的父亲未老先衰。他经常借酒消愁，天长日久，不知不觉地染上了酒瘾，整日赊账买酒。因为还不起越来越多的债务，经常东躲西藏，狼狈不堪。好在田华的母亲虽然大字不识一个，但她具备了中国劳动妇女勤俭持家的传统美德，整日整夜地纺织棉线，以此变卖换回一些钱物，得以勉强维持全家的生活。在田华最早的记忆当中，往往她睡到半夜，还依稀中听到母亲的纺车声。不幸的是在田华9岁的时候，母亲由于长年劳累过度，身体极度虚弱而不幸染上疟疾和痢疾，又因无钱看病，没有及时治疗，抛下了几个孤苦的儿女撒手人寰。让田华痛心的是，至今她都不知道母亲的名字。

  母亲的离世，给田华的父亲以强烈的震撼。为了完成妻子临死前交付一定要把孩子抚养长大的心愿，父亲终身没有再娶，并从此把身心全部扑在孩子身上。父亲因为识文断字，还参加了八路军村政府的支书工作。不幸的是，在1943年反"扫荡"中，他与村里的群众被日本鬼子抓夫，回家后一病不起而去世。

家庭的贫困，使幼小的田华总想改变这种生活。当时正是中国人民抗战的艰苦年代，12岁的田华参加了八路军，成为晋察冀军区抗敌剧社儿童舞蹈队的演员。时任剧社副社长、新中国成立后任北京电影制片厂厂长的汪洋为刘天花起了个艺名"田华"。正如后来她在口述个人回忆录中所动情诉说的那样："是人民战争的炮火硝烟，把我带进了革命的队伍里来。这就是我的家。"从此，这个贫苦的农家女再也没有离开过部队，从一个普通的"小八路"一步步成长为著名的电影表演艺术家。

1940年，12岁的田华参加了八路军

抗战期间成立的晋察冀军区抗敌剧社的篷帐舞台，田华和战友们在炮火纷飞的前线，为八路军战士们演出

1940年冬，田华（后排左2）和晋察冀军区抗敌剧社儿童舞蹈队部分"小鬼"们合影留念（一排左起：张永康、韩芬、兰地、刘汝舟、单银香、韩雁、薛金河、边诚、张云楠；二排左起：刘庭桂、田华、宣海池、高虹、宋玉田、石虹、孙玉雷、张连海、郝玉生；三排左起：郑红羽、魏风、栗茂章、张华）

抗敌剧社的"红小鬼"

回忆起当年参加八路军，田华至今还记得，部队到来后，村里村外马上变了模样，到处是一片欢声笑语。部队的炊事班就安扎在田华家的小院落里，经常把一些馒头、饼和菜留给田华家，这让田华一家非常感动。他们见过多少兵，相比之下，八路军纪律严明，对待老百姓亲如一家人，这是一群不一样的兵。

作为一个孩子，田华当时最大的快乐，就是能够在其他村子的扬谷场上，兴致勃勃地观看晋察冀军区抗敌剧社的文艺演出。田华不但对那些根据当时许多新鲜事改编成的故事和演员的表演着了迷，而且令她高兴的是，每次在演戏之前，剧社的"小鬼"（小演员）都会教乡亲们学唱进步和革命的歌曲。一些从未见过世面的老乡虽然积极参加，但却很拘谨，而小小年龄的田华则天不怕地不怕，每次都是放声大唱，嘹亮的歌喉和直率的个性被抗敌剧社的指导员和另外一个战友发现，他们热情地鼓励她报名参军，田华感到欢喜万分，赶紧把这个消息告诉父亲。紧接着，部队接到火速开拔的命令，抗敌剧社要求田华当天就随他们远行。时间不能等待，时机更不能错过，田华没有半点犹豫，只是舍不得生她养她的父亲。但老实巴交的父亲听完剧社领导一番话，沉思片刻后，简短地对田华说了一句话："你想去就去吧！"厚道本分的庄稼汉本是舍不得宝贝女儿远走他乡，但近一段时间耳闻目染八路军所作所为，也明白了一些条条道道。为了以实际行动支持抗日，当父亲的不应该在部队相中自己女儿的时候去拉后腿。当天，田华就随着部队"整装"出发，在送行的村口，老村长悄悄塞给了田华五块钱的盘缠，穿着土布衣服的田华，就这样加入了晋察冀军区抗敌剧社。

1942年，在山西敌占区对敌寇展开政治攻势，田华（左后三）与韩芬、兰地、孙玉雷、陈雨然、张连海等战友们为老百姓表演"霸王鞭"舞蹈

1942年，田华（右一）和康占元、刘汝舟、尤飞红、兰地、今歌（从左自右）等战友们在山西敌占区对敌寇展开政治攻势时，演出活报剧《红枪会》

在残酷战争岁月里成长起来的田华，为了彻底改变自己的命运，义无反顾地跟随着中国共产党的队伍离开了家乡，离开了眼含热泪的父亲，再也没有回头。

在部队里，田华第一次吃到了香喷喷的红烧肉，第一次吃上大白馒头，第一次在解放张家口之时看到了电影。

回想起几十年前的军旅生涯，已经耄耋之年的田华，依然记忆犹新，譬如昼夜行军的时候，由于马不停蹄地奔走，口渴得不得了，但领导却不让她喝小河里的凉水，怕她拉肚子追赶不上大部队。连日里不停步的行军和演出，小小年龄的田华实在吃不消，就连部队的饭菜，田华也总觉得不如自己家里爸爸做的粗茶淡饭更可口。田华想家了，为了不让别人看见自己哭鼻子，她只好趁人不注意或在睡觉的时候，独自一人趴在一边，而身旁的一切，仿佛都化作慈祥父母亲的面容，还有儿时跟自己一起玩耍的兄妹及村子里小伙伴们的脸庞。在部队继续向前行走的时候，眼前荒山野岭的大小山头，又在她的面前叠映出亲人的幻影。但田华不后悔，跟着大伙，跟着部队，她心里感到踏实，等到远处的群山在自己的眼帘中渐走渐远，也就打消了想家的念头，大步跟着队伍往前走。

1944年，田华（右一）与战友华江（左一）、罗光达（中）在河北省阜平县西柏裕店合影

1944年，田华（后排中站立者）和抗敌剧社的战友们华江、胡朋、范淑红、刘佳、郑红羽、丁里、林韦在河北省阜平县演出话剧《子弟兵与老百姓》

1945年，17岁的田华在河北省张家口市远来庄抗敌剧社所在地留影

1945年，抗战胜利前夕，田华在河北省阜平县洼里村（汪洋 摄）

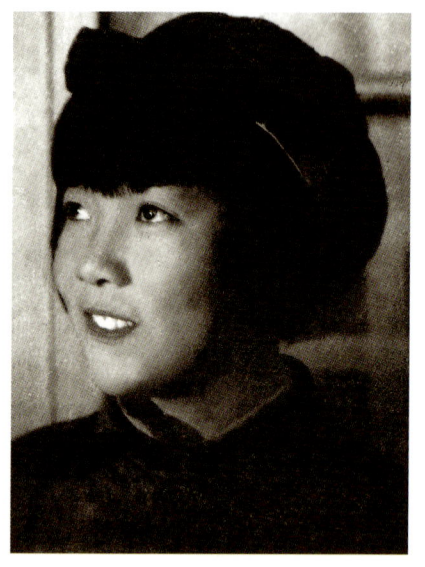
1945年，17岁的田华在河北省张家口市远来庄（张非 摄）

1945年8月下旬，抗战刚刚胜利，田华（左一背影）在河北张家口蒙江开发公司与战友华江一起负责开办"霸王鞭"训练班

1945年9月，田华（左）和郑红羽（中）、华江（右）合影留念

1945年9月，在张家口庆祝抗日战争伟大胜利的大会上，田华（持旗）、华江（持绳）升旗

学打"霸王鞭"

"石看纹理山看脉,人看志气树看材。"战争年代,部队提倡剧社演员的"拳打脚踢",后来称之为"一专多能",作为抗敌剧社一名小小的演员,田华以较好的自身条件,很快地掌握了霸王鞭这门高难度的技艺。在战地演出时,她和战友们高唱着"抗敌剧社之歌"——"艺术是我们的枪,舞台是我们的战场……"她奋力挥舞着霸王鞭,用质朴的歌喉宣传革命真理,立誓驱逐日寇,砸碎旧世界,创建一个独立、自由、人民当家做主的新中国。直到大半个世纪过去了,现在年迈的田华还依旧能够娴熟地舞起那个"霸王鞭",还依旧是风采不减当年。这既是田华一辈子拿手的技艺,也是长年部队生活里,作为一名光荣的文艺战士,在硝烟烽火中出生入死、冒着生命危险演出,鼓舞战友士气的见证。

俄国大文豪阿·托尔斯泰曾经说过:"艺术家是同自己的艺术一同成长的。他的艺术是和他所反映的人民一同成长的。艺术家是和他所创造的英雄一同成长的。"田华就是在党和军队的培养下成长起来的,是在硝烟炮火、枪林弹雨中成长起来的。她跟随部队转战在华北战场,进行战地鼓动、战地演出、战地后勤等工作。她冒着生命危险到游击区,在敌人炮楼下进行敌后政治攻势,随野战部队到前线抢救伤员。总之,只要党和人民需要她到哪里,她就毫不迟疑地冲上去。这就是革命战士最可贵的品质。抗敌剧社的火热生活,让田华得到了极大的锻炼和成长,残酷的血与火的洗礼,使她成长为一名坚强而优秀的革命文艺战士。

1946年,田华为《霸王鞭初步》一书拍摄系列示范动作(白连生 宋贝珩 摄)

1945年,田华与战友华江在河北省张家口照相馆留影

1945年,田华与战友王淑萍在河北省张家口市远来庄合影留念

1945年,田华和战友华江在河北省张家口为《霸王鞭初步》拍摄动作

1945年，张家口晋察冀军区出版由华江、田华编辑，白连生、宋贝珩摄影的《霸王鞭初步》封面照片

《抗敌剧社社歌》歌谱（莫耶 词　徐曙 曲）

我怎样学演戏

田 华

（一）

1940年初夏，正是换季的季节，晋察冀军区政治部抗敌剧社为部队巡回演出，来到了河北省唐县固城村。我们南放水村儿童团走了八里地，前去看戏。当时看戏的人山人海，像赶庙会似的，好不热闹！不一会儿，眼看一个紫花色的大棚平地而起，哎呀！好大好大呀！后来才知道，这是他们发明的"自动化"、战斗化，既轻便又美观的"篷帐舞台"。开幕前，有个头戴八角帽、身穿吊兜儿上衣和马裤的小兵，来教我们唱歌。正当我们学得带劲的时候，一声锣响了，呀！这是要开戏的头通锣。不久，印有晋察冀军区政治部抗敌剧社的紫色大幕，在第二声锣响后缓缓升起了。篷帐内当时出现了一个月儿弯弯、星斗满天的夜晚景色，真新奇！这是我有生以来，第一次看说话的戏，戏名儿叫《我们的乡村》。里面出现的有白胡子老头、妇救会会员、村干部、手持红缨枪站岗放哨的儿童团，还有人人都憎恨的汉奸。总之，全是我们生活中熟悉的人，说的都是当时抗日救国的事儿，演得那么真实，那么像，看着那么亲切。这次看戏，在我幼小的心灵上，开始播下了"演什么要像什么"的种子。这就是我当时对表演艺术浅显而朴素的看法。后来，这颗种子一直指导着我的艺术实践，在我的表演上，潜移默化地起着作用——演戏时，要真、要像，要演出角色的神态。虽然头天晚上，看完戏走回来已是下半夜，但第二天仍然照常上学。河北平原正是麦子散发着清香的时候，万里无云十分晴朗。这天，正轮到我手持红缨枪站岗放哨查路条，突然，一个同学气喘吁吁地跑来告诉我，有两个当兵的找我，老师叫我马上回学校。我带着不解的心思回到学校门口，探探头，不敢进屋。"小鬼呀！进来！"一个三十岁左右的兵向我打招呼。我听他说话有点侉，因此更不敢进去了，正当我不知所措时，"来，小姑娘！"一个带着熟悉而亲切的家乡口音的人对我说话了，后来才知道，他是完县（今顺平县）五里岗村的葛振邦同志，我这才松弛下来，走到他跟前。他抚摸着我的头，拉着我的手问："昨天晚上看戏了没有？喜欢不喜欢唱歌跳舞？愿不愿意跟我们去当兵呀？"这一系列的提问，对我这个当时还不到十二周岁的孩子来说，真不知道怎么回答。只记得当时我只是低着头用白眼翻着他，待了半天我才蹦出一句话："那还得问问我爸爸。"逗得周围的人都笑了。妈妈去世早，爸爸既是父亲又是母亲。他识文断字，思想比较开通，尽管舍不得我走，嘴上也不反对，因为是去做抗日宣传工作，也就答应了。我最理解爸爸的心情。我记得很清楚，仅仅比我大三岁的姐姐，帮我穿上了仅有的一身土紫花布新衣裤，这是我们学校的制服，还包上了一双鞋，把小包袱扎在我的腰上。村长也赶来了，给了我五块钱，钱虽不多，但这是全村老乡亲们的心意呀！就这样送我上路了。指导员让我骑着马，他步行，穿街过巷，跋山涉水，也不知道走了多少时间，到达了剧社驻地，正赶上吃中午饭，记得吃的是炖肉和馒头。这就算正式参军了。

1940年，抗日战争敌我力量对比虽然是敌强我弱，但整个形势还是对我有利的，部队到处打胜仗，剧社慰问演出比较频繁，几乎是天天行军，天天演出。当时剧社有一个舞蹈队，有二三十个我那么大的"小鬼"，以唱歌跳舞为主（这是当时军区聂荣臻司令员提出培养接班人的重要举措，他也非常关心我们的成长），他们演出很忙。当时，我新来乍到，所以没什么事干。我终归还是个孩子，刚去对什么都感到新鲜，日子一长，突然想家了。因为有两件事不习惯：一是渴了不许喝凉水，有时借着漱口偷偷咽上半口，一旦被发现，还要受批评；二是看不见朝夕相处的爸爸、姐姐，请假回去看看都不准。于是，我想出了一个干脆的办法，借口家里没人帮姐姐推碾、抬水，提出不干了。领导和同志们像关心小妹妹一样地哄着我，教育我，日久天长，使我逐渐懂得了，这是来抗日，不是在家串亲戚，哪有想来就来，想走就走的道理。一咬牙，也就待下来了！

1942年，田华与新华社战地记者雷烨合影（沙飞 摄）

1942年，田华在河北省平山县村头（沙飞 摄）

1943年8月,田华(后排中间站立者)与战友们在河北省阜平县潘庄,抗敌剧社为欢送黄天、今歌、黄河、郭东俊、尤飞虹、康占元等同志去冀东军区创建"尖兵剧社",王犁、赵英同志奉调平西"挺进剧社",行前全体同志合影。四个月后,安玉海(最后排左二)、陈雨然(最后排右一)、吴畏(第二排左二)在突围中光荣牺牲。这是他们留下的最后的身影

1943年8月,在河北省阜平县潘庄,抗敌剧社全体女同志合影。一排左起:田华、謌焚、华江;二排陈群、司仃、赵英、徐兑、余苏奇;三排:车毅、林韦、胡朋、王淑萍

（二）

　　实践出真知：学中演，演中学。我从小喜欢唱歌跳舞，印象最深的是"蝴蝶姑娘，我问你，你家住在哪里？我家就住在此地百花村里，百花们，请到我的家里来……"但我从小就不知道什么叫演戏，就知道有唱戏的，也不知道什么叫话剧，就知道有老戏。我们村就有个戏班子——大秧歌。我最爱看坤角儿的戏。参军后，每到一地，老乡们都追着赶着看当兵的"女戏子"。因为他们也不知道什么叫话剧，于是，我们这些"小鬼"也就成了"小女戏子"。婶子、大娘、大伯们特别喜欢和疼爱我们，剧社的领导和大同志，不断地培养、训练我们。特别是我们少年艺术队队长郑红羽同志，对我们严格训练，严格要求，在为我们打好演员形体动作的基础上，付出了极大的心血。我们女孩子班的班长车毅同志，没有睡过一个晚上的安生觉，谁上厕所都要把她叫起来跟着出去。她像个妈妈一样地照护着她的"孩子"们。其实，她那时也不过二十来岁，这一切使我至今难忘。

　　少年艺术队，要天天练功。沙滩、麦垛是我们练功的好场地，场院、村头树荫下是我们练声和排戏的好场所。翻筋斗、下腰、劈叉，对我来说并不难，因为我从小号称假小子，胆子也大，喜欢上树爬高，但要真正达到能倒立和双脚合拢，双手背后往后下腰用嘴去叼地下的手绢的水平，却不知流过多少汗水和眼泪。别看老队长平时对我们嘻嘻哈哈，一起和我们做丢手绢的游戏，一旦练起功来，他特别严厉，一点也马虎不得，谁要是偷点懒，被他发现，那可是不客气。再就是我们的副社长汪洋同志，他更严厉。记得1940年夏天，在河北省唐县行营沟村驻防，他给我们排《鸟儿舞》，在排练时，他让我们从平台上跳下来，还要原地转十个圈，谁做不好就剋谁。1941年，秋季反"扫荡"后，我们少年艺术队排了一个童话剧《乐园的故事》，他又亲自出马导演，要求动作整齐划一，不能滥竽充数。为了正式演出时的艺术水平过硬，在排练时，从难从严，经常个别教练，虽然有时把我们剋哭了，但我们还是很喜欢这位老社长，因为正是他把我们培养出了严肃认真、一丝不苟的创作作风。正如剧社社歌中提到的"艺术是我们的枪，舞台是我们的战场"那样，用文艺这个武器，为战争服务，以教育人民，打击敌人，从中也锻炼了自己。在这一点上，我是深有体会的，在表演艺术这一行当中，可以说，他们是我的引路人和启蒙老师。

1944年秋,田华(前右三)与抗敌剧社的战友们今歌、石岩、何迟、何延、罗浪、古立高、刘佳、林韦、张非等人,深入河北省的房山、莱水、涿州等地,进行政治攻势的宣传活动,在攻下敌寇的炮楼前留影

1944年,16岁的田华在河北省阜平县大沙河旁(沙飞 摄)

（三）

话剧，是语言艺术，通过说话，去表现主题思想，去塑造人物。因此，语言功底对一个演员来说，就十分重要。我这个河北唐县味的"土话"就适应不了工作的需要，剧社大同志担负起了纠正我们说话的责任。一种办法是，排戏中一句句、一字字教普通话；还有一种办法是"包教到人"，就像现在学英语单词一样，每天跟教练学一句话。我的老师是胡朋、林韦二位同志。记得当时我们住在支角沟村，一到晚饭后，操场、村头、河边、柿子树下，到处可以看到单兵教练的场面和朗朗的说话声，她们那么认真负责地教，我们又是那样虔诚严肃地学，在学习中体会到，不但要学会用普通话去读台词，而且要学会用语言去刻画人物，谈何容易呀！多少年来虽然早就学会了普通话，但直到现在，我的语言也不够规范，仍然存在着"南腔北调"的北调，这仍是我今后攻关的课题之一。

在创作与塑造人物上，剧社的领导和大同志们都是我的老师。直到现在，我虽然年过半百，但每当我遇到了他们，总感到自己还是个"孩子"。在生活方面，广大的指战员和人民群众是我创作的源泉。在敌后根据地，我们一起反"扫荡"，一起参加战地救护工作，一起搞土地改革。当1942年最困难的时候，为了减轻人民负担，我们曾以野菜、黑豆、蚂蚱充饥。总之，我们同甘苦，共患难。我熟悉他们，他们了解我。可以说，生育我的是爹娘，教我养我的是人民。

舞台表演、塑造人物，主要来源于生活，但又不全是生活的再现，动作要选择，语言要洗练，感情要真实，这都是我在实践中和在向老同志的表演学习中悟出来的道理。在活报剧中，我曾扮演过汪精卫的老婆——陈璧君（那时我才十二岁，为这个还哭过一鼻子），还演过蒋介石的老婆——宋美龄，我还曾演过秧歌剧《兄妹开荒》《问路》和河北梆子《血泪仇》，连京剧中诸葛亮的琴童我都演过。更难得的是，我观看大同志演的《血的五月》，高尔基的《母亲》《大雷雨》《日出》，苏联话剧《前线》和《俄罗斯人》《带枪的人》，等等。我们常说，"近墨者黑，近朱者赤"，在长期的熏陶和艺术实践中，我体会到，演员是用自己的身心去塑造自己熟悉或不熟悉的人物的。要达到让观众和你一起喜、怒、哀、乐的地步，就必须"精、诚"，真悲无声而哀，真怒未发而威，真亲未笑而和。总而言之，要重视内心动作，在这方面，剧社的老同志们，用他们的艺术实践所创作出的形象，给我上了重要的一课。

虽然敌后根据地比较艰苦，条件比较差，但我却于1941年幸运地被送到华北联合大学文艺部九队学习了半年文化和表演。校长是成仿吾同志，美术教员是吴劳同志，表演教员是马金同志。我印象最深的要属表演课了，学的是外部技巧——"哭和笑"。（人民文学出版社戏剧编辑室举行的一次座谈会，从葛一虹同

1945年深秋，田华在河北张家口张北地区为苏联红军演出秧歌剧《兄妹开荒》

志的发言中，我才知道，这种表演方法是从北美传过来的一种流派，专门谈外部技巧的。）虽然当时我还不大理解，甚至还觉得有点可笑，但我们还是严肃认真地进行了学习和练习。后来我逐渐懂得了：演员要演好戏，塑造一个成功的角色，使其有感染力，被观众所肯定和承认，除有丰富的生活作基础外，还要运用一定的外部技巧去准确地体现人物此时此刻的内心感情。记得，1944年，我在《子弟兵和老百姓》一剧中，扮演了一个农村小姑娘，名字叫常官，她父母在反"扫荡"中被敌人杀死，房子被烧掉，粮食被抢走，只留下孤苦伶仃的一个人，寒冬腊月，衣不遮体。我从排练到演出，每当想起反"扫荡"的农村情景时，就哭得泣不成声，台词也说得听不清了，声音小得也传不远了。后来导演和大同志们告诉我，有激情是对的，但要学会控制感情，因为演戏是艺术，而不是生活的纯自然主义的再现……从中我逐渐懂得了艺术、生活和技巧的关系，生活是创作的基础，表演技巧的手段，但又不能单纯地去耍弄技巧，而忘记了根本。这一课，在我后来出演《战斗里成长》和电影《白毛女》《党的女儿》等剧中人物时，潜移默化地起到了重要作用。

该收笔了，忆往昔，虽然已是三十余年前的过去了，但我在党和同志们的关怀下成长的道路，却深深地铭记在我的内心深处，并成为我不断前进的动力。

在田华的家中，有一段多年来被田华奉为自己演艺生涯中，努力去探索表演技巧的座右铭的古话，经常被她提起，那就是中国古代著名的哲学家庄子所说的——"何谓真，客曰：真者精诚之至也。不精不诚不动人，故，强哭者虽悲不哀，强怒者虽严不威，强亲者虽笑不和。真悲无声而哀，真怒未发而威，真亲未笑而和。在内者神动于外，是所以贵真也。"田华质朴、自然的表演风格，由此可见一斑。《白毛女》中被压迫、求解放的农家女喜儿，《党的女儿》中坚贞不屈的共产党员李玉梅，《秘密图纸》中干练睿智的公安侦察员石云，《法庭内外》中秉公办案、不徇私情的法官尚勤……便在跳动鲜活的形象之中，时常闪现出一道道光影交织的神韵。

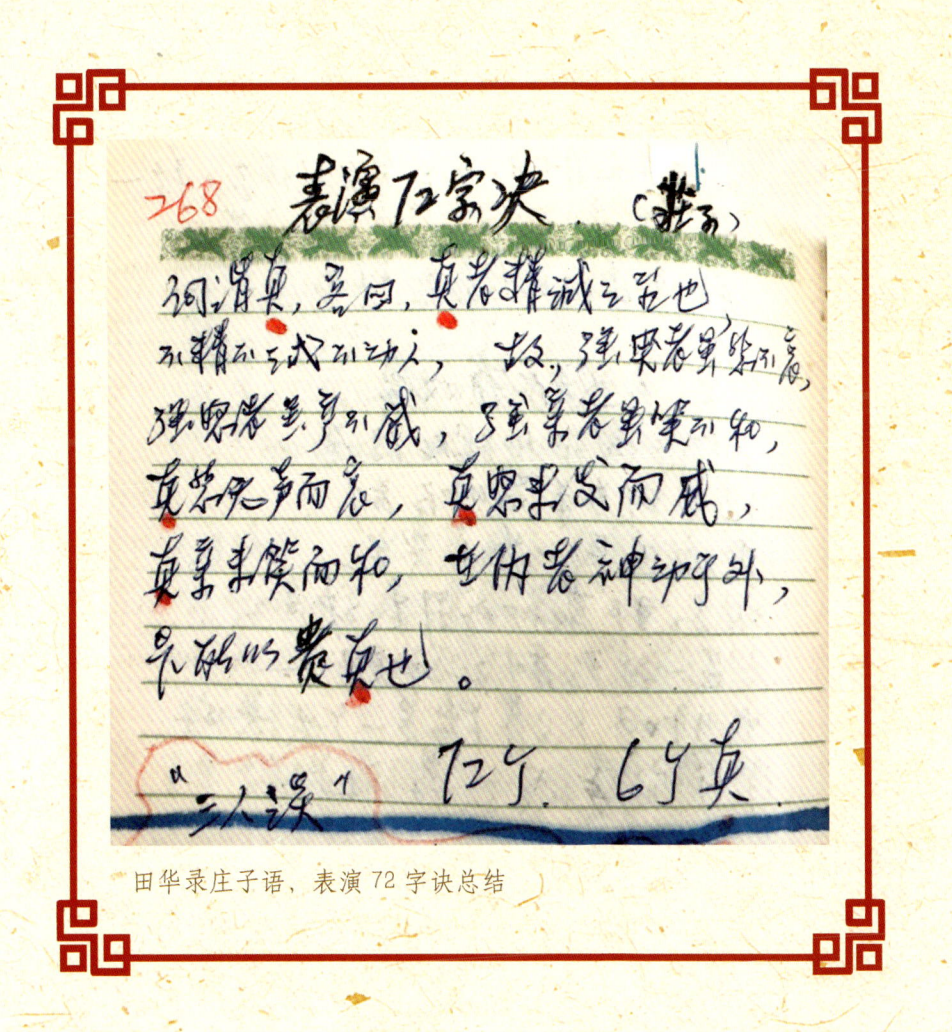

田华录庄子语，表演72字诀总结

1990年在田华从事革命文艺工作五十周年座谈会上的讲话摘要

原抗敌剧社副社长、北京电影制片厂厂长 汪洋

我和林韦可以说是看着田华同志长大的。还记得1940年，她刚刚参加抗敌剧社的第一天，一个还不满十二岁名叫刘天花、个子不高的小姑娘，留着男孩子的小分头，穿着一身老乡自己织染的紫花布衣服，憨厚地站在我们社部的几个领导面前，样子很腼腆，充满了稚气。有些苍白的小脸上，只显得两只大眼睛十分有神。那时她是个地地道道乡土气十足的小丫头。但五十年后的今天，她已经发染白霜，成了全国亿万观众所熟悉、所热爱的电影表演艺术家了。而且光荣地获得聂帅给予的那么高的评价。我作为她战争年月的老领导、老战友，从心里为她感到光荣。当然正如田华自己所讲的，聂帅的题词，不只是对她个人的，是对所有革命文艺工作者的鼓励、褒奖。尽管这样，田华五十年来的成就仍然是有目共睹的，而且我认为她确实有她自己独特的道路。

远在残酷的战争年月，田华虽然由于年纪小，刚刚参军，常常想家哭鼻子，连夜间上厕所都要大妈同志陪着，行军过河常常要大同志背着过，爬山上不去，就拽着大同志的皮带。但她不愧是来自农村穷苦农民家的孩子，很快就适应了这种流动性很大的八路军剧社的生活。排练舞蹈时，她像个男孩子，十分泼辣，敢跳，敢摔，摔伤了也不哭。唱歌也学得快，唱得准，业务上比较聪敏……慢慢地开始演戏。百团大战后的演出中，我们一上来就在活报剧中让她扮演了大汉奸汪精卫的老婆陈璧君，因为她的脸型有几分像。说实在话，很难为了田华，当时她才13岁。好在导演怎么要求，她就怎么演，居然很好地完成了任务。田华在工作上不挑挑拣拣，有戏演戏，没戏学做化妆品、搞效果、搬布景。每次演出都到老乡家去借服装、借化装用的镜子……不管做什么她都认真负责，一丝不苟地干。政治攻势时，她随着大同志一起，越过封锁沟到游击区、敌占区去。在敌人炮楼附近演出，随时都有被敌人袭击、包围的危险，但她毫不畏惧。后来我们逐渐发现她在政治上、

1949年初春，刚进入北平时的田华

业务上是个好苗子，1942年由魏风同志介绍她加入党的同情小组，组织上开始有意识地从政治上、思想上、业务上更严格要求她，力求早一点把她培养为一名共产党员。为了提高她的文化和业务知识，又把她送到华北联大文工队学习了一段时间。

1944年我们剧社在平西荒无人烟的大高山上开荒时，为了在艰苦中磨炼田华的意志，我们分配她每天赶着骡子到七八里地外的大山沟去驮水做饭，而后又赶着牲口爬七八里路的高山去送饭。几十天哪，天天如此，非常辛苦。但是田华自觉地经受了组织上对她在劳动中的艰苦考验。

田华就是这样，在组织的关怀下，随着大同志行军、演出、劳动、反"扫荡"，一步一个脚印地冶炼、成长。随着田华年龄的增长，我们发现她在表演上确有灵气，有激情，有潜力，为了更多地给她艺术实践机会，在大型话剧《子弟兵和老百姓》中专为田华写了一个台词不多但很有戏的名叫"常官"的角色，结果演得不错，很有激情，受到了同志们的赞誉，甚至有的同志说田华将来适合演悲剧角色。从此田华在表演上非常刻苦，非常用功。

聂帅在抗日战争时期，非常重视文艺工作。他曾具有战略意义地指示："剧社要想出人才，必须多吸收一些有一定基础的孩子，早动手培养。我们在战争中也绝不能疏忽对下一代的培养。"我们正是遵循了聂帅的指示，才在剧社成立了"小鬼"队。五十年后的今天再来看，大部分改行的同志都成了各条战线上的专家或领导，而一直坚持在表演和艺术界的田华和高虹则成了全国著名的表演艺术家和著名的美术家。

1945年日本投降，我们进入张家口后，不久就和从延安来的联大文工团联合演出了歌剧《白毛女》。抗敌剧社派出了车毅同志饰演张二婶，张菲同志饰演赵大叔。本着培养人的精神，喜儿这个角色最初曾想让田华扮演，但考虑再三，喜儿山洞前的戏她绝没问题。而山洞后的戏，由于年龄和生活的关系，估计她难以完成，我们改派了陈群同志。田华担任场记。在担任场记过程中，田华对全剧ABCD四个喜儿（王昆、林白、孟于、陈群）的表演贪婪地学习，全身心地置于喜儿的命运中去，她几乎每排一场戏，哭一场，十分动情……老实说，这个阶段的场记工作，为她在1950年在电影《白毛女》中扮演喜儿打下了坚实的基础。正是由于这个原因，1950年当王滨、水华同志担任电影《白毛女》导演，要我从华北的演员中推荐一位扮演喜儿的演员时，出于田华本人的生活经历，质朴的气质以及田华对喜儿这个人物的理解，我第一个就推荐了田华。我相信这个角色她会塑造好的。结果水华和我不谋而合，一眼看中。尽管田华从没拍过电影，但她虚心好学，在摄制组甘当小学生，一切从零开始。特别是在导演十分耐心、十分细致的启发下，再加上田华深厚的生活积累，严肃的创作态度，顽强的拼搏精

1949年初春，田华刚到北平时留影

神，终于成功地塑造了感人至深，催人泪下的喜儿形象。从此田华一举成名：政治上获得了最高荣誉被选为第一届人大代表、妇联理事，等等。观众来信像雪片一样飞来，赞誉文章连续不断。这一切都出乎这个来自农村、来自战争硝烟中的田华意料。但是田华也经受住了荣誉和掌声的考验，能正确地对待荣誉，把个人和集体、个人和党和人民群众的关系摆得很好，仍以普通一员要求自己。尤其是对待人民群众，从不摆大明星的架子，总是热情诚恳地与群众交往。

在艺术上仍不断地参加实践，并注意从实践中认真总结自己的经验，因此她的表演水平在不断地提高着。不久，我们又推荐她在金山导演的《风暴》中扮演了林祥谦的妻子。戏虽不多但很重。当金山发现田华对角色很有理解很有激情时，十分满意，破例吸收田华参加主创人员的分镜头工作，以便使田华把角色塑造得更逼真、更感人……从中不难看出田华的每一部片子，每一部戏的人物塑造，都凝结着老艺术家、老同志培育的点滴心血，当然从中也看到田华本身的刻苦好学和表演才华。

后来由于工作关系，我们接触得少了些，但从银幕

1949年7月1日，田华（右前）和"战斗剧社"、"抗敌剧社"的战友宣海池等人在北京先农坛为庆祝党的生日演出活报剧

上、电视上或报刊上和熟悉她的同志那里不断地了解她的一些情况。

五十年来，田华没有辜负党和人民群众对她的期望：成名前她勤勤恳恳、老老实实、全心全意地为党为人民演戏，成名后一如既往。我们老同志非常高兴。

十年浩劫后，田华成功地在《法庭内外》中扮演了法官尚勤，并获得了政府奖和金鸡奖提名。由于年龄的关系，虽然她在银幕上所扮演的角色少了，但她贵有自知之明，甘当绿叶，哪怕几个镜头，只要剧本好，导演需要，她都十分高兴地参加拍摄，努力去陪衬新的一代年轻演员。她不但在表演上默默无闻地在为党为人民多做奉献，而她的社会活动更多，除参加电影界的一些活动外，为了培养年轻演员，她经常去讲授自己的心得体会，或做青少年的校外辅导员。甚至逢年过节阖家团聚的日子，她却以北京市关心青少年协会理事的身份，去工读学校，去监狱和失足的少年或幼犯人一起度过节日，以一个共产党员，一个艺术家火热的心去温暖着他们。最近在我家我看到她很疲劳，曾劝她社会活动要量力而行，千万不要累垮，她什么话也没说，只是淡淡一笑。但是我心里明白，她还不服老，她还要拼搏，还要多为人民做些事情。

在表演上她还在跃跃欲试，渴望着再在银幕上塑造几个生动的人物形象。

为此，今天我除了衷心向田华同志表示祝贺外，也衷心地呼吁作家同志们，能为田华再写几部适合她扮演人物的好戏，以使她能更好地展示才华，为广大观众再塑造几个光彩夺目的艺术形象。

1951年摄

第二编

新中国银幕和舞台上的光荣绽放

我和田华同志认识，屈指算来已经是许多年了。她是晋察冀的，我是延安的。田华同志虽已白发苍苍，可她在我的心目中永远是个小八路，是个革命的小妹妹。尽管现在她已经誉满中外，但是，我仍然对她是这样的印象。也许正是因为她始终是一个革命的小妹妹，永远是一个小八路，所以我才觉得她是一位更值得重视的艺术家。

田华同志的艺术作品，表现的都是我们中国革命重要阶段的一些重要题材。田华同志本人也是我们千百万参加创造以往这几十年历史的人群中间的一个，革命大军中的一员。电影《白毛女》因为是田华同志主演，而使它增光了。作品中表现的"旧社会把人逼成鬼，新社会把鬼变成人"这个根本是非问题，近年来也受到了非议。当然，坚持本来观点的还是大有人在的。田华同志从事革命文艺工作50年的历程做出了有力回答，值得我们祝贺，值得我们感到欢乐。因为她的生活实践和创作实践正好说明：正确地肯定中国的革命历史和革命战争，继承和发扬革命文艺工作的传统，克服来自"左"和右的干扰，站在马克思主义的新的历史高度来表现历史生活和现实生活，我们是有成功的经验的，是有突出的范例的。田华同志就是其中的一个。我们的电影界的同志们，这几年来的确拍了不少很好的片子，其中对革命历史、对革命战争作了十分正确的表现，有的堪称是史诗性的作品。这中间，有田华同志的功绩，有田华同志经验的发扬光大。我作为一个文艺工作者，在此向田华同志表示敬意，向电影界的同志们——过去的老同志和现在的新同志表示敬意！

（著名诗人、原文化部代部长贺敬之在田华从事革命文艺工作五十周年座谈会上的讲话摘要）

《白毛女》
根据贺敬之、丁毅同名歌剧改编

改编：水华、王滨、杨润身	导演：王滨、水华	摄影指导：吴蔚云	摄影：钱江
布景设计：卢淦	作曲：瞿维、张鲁、马可	录音：沙原（日）	副导演：王光彦
作词：贺敬之、张松如	照明：郝汉增	置景：李云明	特技：孙英男
场记：宋杰	场务：阎宝玉	剧务：吕万莹	化妆：孙月梅
服装：王玲	洗印：李存邦、钱仲选	剪接：王联、岸富美子（日）	演奏：东影乐团
指挥：尹升山	音响：崔仁杰	道具：贾益三	歌唱者：王昆、孟宇、张平、李耀东

演员：

喜 儿——田 华　王大春——李百万　杨白劳——张守维　黄世仁——陈 强　穆仁智——李壬林
王大婶——胡 朋　赵大叔——赵 路　张二婶——管 林　大 锁——张 莹　黄 母——李 波
小丫头——孙凤琴　虎 子——王 枫　大锁娘——莫 愁　老五叔——张 延　老水手——傅 杰
政 委——徐连凯　红 军——白德彰、苗 灵　村 妇——孙晓雯　人贩子——王惠民
李 栓——吕万莹　老 头——高 平　打手甲——任子华　打手乙——吴必克　更夫甲——张福林
更夫乙——陈立业

喜儿,"开麦拉"

享誉中外的民族歌剧《白毛女》早在20世纪40年代初中期,就在革命圣地延安"鲁艺"诞生并迅速风靡开来。到了新中国成立初期,全国所有的大小文艺团体都演出过这部时代的流行大歌剧。所以,对于这部影响巨大的文艺作品,东北电影制片厂1950年底决定将之改编拍摄成故事影片,以配合土地改革,趁热打铁地造成更大的政治宣传声势。同在延安"鲁艺"工作的张水华、王滨和土生土长的作家杨润身三个人联合在一起,根据贺敬之、丁毅创作的同名歌剧重新改编"回炉",以求更加符合电影艺术的表现手法。

田华初入《白毛女》剧组时试妆照(辛汉文 造型)

田华在影片《白毛女》中饰演女主角喜儿定妆照(孙月梅 化妆)

故事影片《白毛女》保留了歌剧中的主要唱段和故事情节的脉络发展,并加重了喜儿和大春纯朴的恋情,以引起广大观众情感的共鸣。该片由王滨和张水华联合导演,吴蔚云出任摄影顾问,钱江担任摄影。王滨1938年就奔赴革命圣地延安,入抗日军政大学学习,后担任延安总政治部宣传队副队长。第二年又担任了"鲁迅艺术学院实验剧团"的副团长,参与导演了话剧《日出》《带枪的人》、歌剧《白毛女》。自1947年起在东北电影制片厂担任专职电影

田华在影片《白毛女》中扮演女主角喜儿

喜儿（田华饰）和王大春（李百万饰）"柿子树下把情定"

导演。1949年导演过新中国第一部故事影片《桥》。在筹拍电影《白毛女》时，王滨慧眼识珠地把目光聚焦到当时在华北军区政治部文工团当演员的田华身上，有意让这个相貌质朴、清纯的小姑娘来出演电影中的女主人公喜儿。

可是，作为新人出现的田华，却没有得到剧组其他主创人员的首肯。他们认为相貌朴实的田华，并不完全具备一个电影演员上镜头的脸庞。所以，他们主张仍由已经在歌剧中演出了上百场的王昆或林白、孟于来扮演喜儿。其充足的理由，就是王昆等人作为首演者，有歌剧表演的舞台实践经验。但王滨认为，电影并非舞台歌剧的纪录片，非常需要一个更适合角色的全新面孔，通过更加生活化、更具真实性和艺术感染力的表演去打动观众。王滨力排众议，他从田华纯真的眼神之中，看出了一个未来之星的潜质。在王滨和张水华的耐心引导循循善诱下，在摄影师吴蔚云的精心拍摄下，颇具表演天赋的田华心领神会，表演渐入佳境。电影《白毛女》一经上演便获得了巨大成功，田华成了万众瞩目

田华与李百万在东影院内试拍电影《白毛女》三项同步（摄影机转速、巡环圈与演员口型同步）时的镜头

的明星。影片的拍摄虽然已经过去了几十年，但往日的一切至今在田华的心中依然那么清晰。

当初剧组考虑选择田华的时候，张水华导演和剧组的美工师、化妆师对她进行了仔细地观察，并和她聊天了解她的家庭情况，而后到新街口北影厂试妆时又拍了几个镜头。然后就是等待。等待中，她照常参加团里的话剧排演。不久，《白毛女》剧组来电话告知她被选上了扮演喜儿，让她赶快前来厂里报到。田华听了激动又忐忑。到了《白毛女》摄制组之后，田华见到的第一个人就是大胆起用她的导演王滨。王滨给田华的第一印象是表情过于严肃。他对田华说："你知道吗？我选你费了多么大的劲？"后来，她才得知那段时间王滨为了选演喜儿的演员，连续几天睡不好觉。他把许多候选的演员照片摆在桌子上，翻来覆去地仔细看着。有几个年轻演员的形象，都比田华要漂亮得多，但由于影片的故事发生在河北的农村，王滨最初的直觉就认为田华像个河北妞，虽然形象并不娇艳，而且脸部也较平面，但田华整个的模样，越看越像是影片中的喜儿。所以，田华在试妆之后，王滨导演连"试镜头"这重要的一关都省略了，直接实景实地开拍。

为了演好喜儿，田华着实吃了不少的苦头。当时她的身体虚弱，脸色苍白，王滨导演就强制田华每天喝掉专门为她特批的牛奶来补养一下身体，好抓紧时间实拍。到底是年轻，不到半个月，田华的脸上就泛起了红晕，身体也强壮了，还增加了体重，王滨导演见此情景，急忙叫停，因为如若身体过于丰满，就不符合剧中人物形象的要求。

因为是第一次拍电影，田华难免有表现不佳且不符合导演要求的地方。每当这时，为了不伤害演员的自尊心，王滨导演总是用很独特的方式来启发田华，而不是用严厉的语言来表示不满意。

影片中田华亮相的第一个镜头是在庄稼地里割谷子时，王大婶前来送饭，并喊道："春儿，喜儿，快来吃饭了！"田华从一大片谷穗当中一抬头，一抹汗，怀里抱着一把谷穗，一个特写闪出来，一个地道的河北农村姑娘活脱脱就出现在银幕之上。这个镜头一次通过，王滨导演很满意。这正是他要展示出来的喜儿的银幕形象。

但在拍黄世仁在自家祠堂里奸污喜儿这场戏时，田华怎么也不能进入状态，因为扮演恶霸地主黄世仁的陈强，是田华平时就很熟悉的老师，年龄比田华大十岁。时间一分一秒地过去了，田华还是难以入戏。这时王滨用特殊的眼神表示出了他的不满。当田华的眼光与王滨的眼神相互碰在一起的时候，她想起了王导演的殷切希望和力排众议来选定她主演《白毛女》

的情景，她似乎找到了某种感觉，她迅速调整状态，与陈强交换一下眼色，两个人便投入了规定的情景中，这场难度不小的重场戏终于迎刃而解。

功夫不负有心人，在王滨、张水华导演的悉心调教和自身的努力下，22岁的田华初上银幕，便成功地塑造了新中国电影画廊里一个纯真、勤劳、刚毅、为反抗剥削与压迫而不屈不挠进行坚决斗争的中国农村劳动妇女的经典形象。田华也由此一举成名。影片继1951年第六届卡罗维发利国际电影节上荣获了"特别荣誉奖"后，1957年又获得国家文化部授予的1949—1955年优秀影片一等奖，田华本人荣膺一枚金质奖章。

影片的成功拍摄还得益于参加演出的主要演员如饰演王大春的李百万、饰演杨白劳的张守维、饰演王大婶的胡朋、饰演黄世仁的陈强，还有参加演出的其他配角，如饰演赵大叔的赵路、饰演张二婶的管林、饰演黄母的李波、饰演穆仁智的李壬林等人。他们是功不可没的。

导演王滨在1959年又与胡苏、吴天合作编写电影剧本《换了人间》，并亲任导演，后突患重病，于次年年初不幸辞世。该片的另一导演张水华，后来又陆续独立执导了《林家铺子》《革命家庭》《烈火中永生》《西沙儿女》《伤逝》《蓝色的花》等根据文学作品改编的影片，取得了不俗的成绩。

影片《白毛女》自1951年在全国公映之后，在原有同名歌剧已经家喻户晓的基础上，产生了更加强烈的轰动效应，成为中国电影的经典，与同名歌剧和其后创作的同名芭蕾舞剧一起扬名国内外。

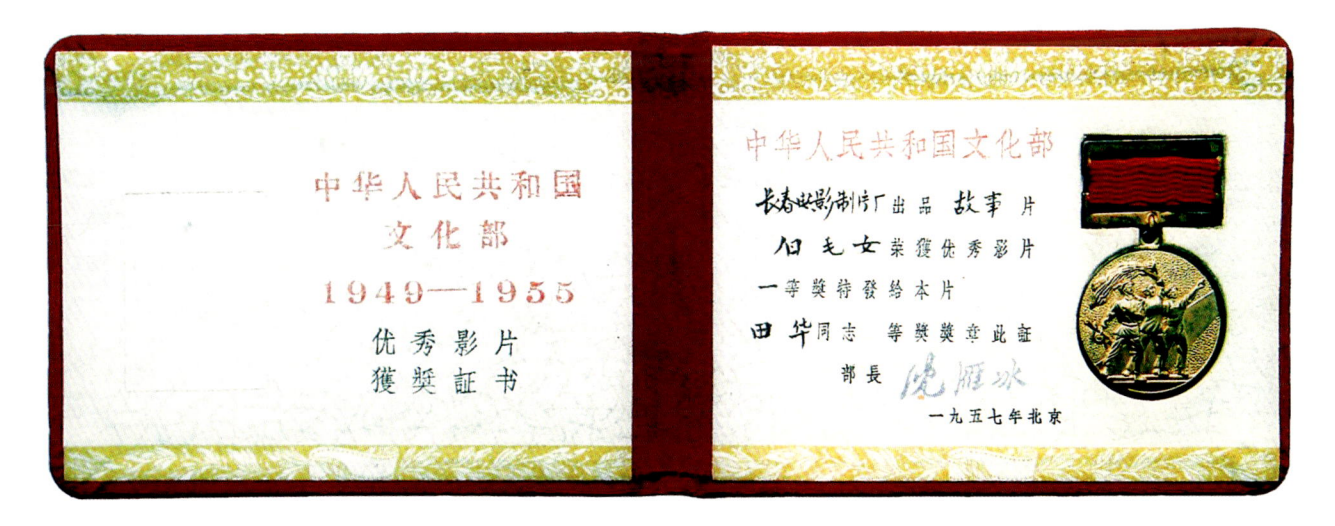

1957年文化部对1949—1955国产优秀影片集体表彰中，田华因主演电影《白毛女》获得优秀影片表演一等奖

1950年，田华同何文今、王家乙、张水华、冯白鲁、吴印咸、管林、成荫、王滨、孟广钧等人与到东影参观电影《白毛女》拍摄的国外电影代表团合影留念

影片《白毛女》中"偷卖喜儿"一镜头

影片《白毛女》中"逃进深山"一镜头

田华与李晓文（左一）、宋杰（左二）、孙月梅（左四）在影片《白毛女》外景地河北省平山县体验生活

田华与演员李百万（左二）、场记宋杰、孙月枝、化妆孙月梅等剧组人员合影

影片《白毛女》在河北平山外景地拍摄现场，副导演王光彦给田华说戏

田华与电影《白毛女》剧组导演张水华、总摄影吴蔚云、摄影钱江、演员李百万、胡朋、张莹等主创人员合影留念

一個放映隊員的意見

編輯同志：

我是一個放映員。我們的放映隊不論到哪兒放映，羣衆都熱烈歡迎。但是遇著影片就不同了，不管放映或是宣傳預告，只要一說是紀錄片，許多同志就很不高興，還沒看完就走了，有些同志甚至連看也不看。我們看到這些情況，每到一個地方，還是要先解決問題。我們自己認識也不高，又沒有辦法可想，情緒不高，也很苦惱，覺得很不好辦，硬叫羣衆來看，羣衆有意見，不叫來看吧，上級又批評，埋怨地說：「發行站配給我們的紀錄片，所以發了過半年也不歡迎。」以後，我覺得除了我們自己配合劇情片給觀衆外，希望每次都能配給我們的紀錄片也確乎不如故事片給我的觀衆有意思，我現在提出這樣一個問題，希望你們能給我一些幫助。

雲南軍區某放映隊 陳雲祥

編輯同志：

我是一個讀者。表現祖國某地方某事件的一個鏡頭，羣衆團體活動就總是幾個節，有一些鏡頭的速接上也儘可能給人以新鮮生動的感覺。其實，我也知道紀錄片往往有許多類似的感覺，有次的教育意義，但是看起來總是枯燥無味。所以，我認爲羣衆不喜歡看紀錄片，不能說完全是羣衆的教育水平不高的緣故。我覺得紀錄片本身有缺點，水平不高的羣衆應接受電影，如果電影不能吸動觀衆、只是概念的談大道理，其特點了，我道樣的認識也不知道對不對？希望電影編輯同志其進行分析或加以批判。

湖南讀者 黃連

爲了感謝廣大觀衆對我的熱愛

親愛的讀者們，你們能特她記起來嗎？後面，我們附上五張插圖，希望你們幫助她一起來——

（1）「難道這些生活痛苦還不夠了嗎？你好像笑，還在笑流，我是想把你拉進急流，來陶冶人民向我喊：不許說，不許……」

作爲一個會在銀幕上和大家見面的並爲大家熱烈的演員，我願意把我個人的一生獻給黨所培育的話劇、電影事業……

我們正在積極排演話劇「英雄陣地」，我在劇中扮演一個勇敢、熱情而又純樸的少女。目前我們要深入部隊體驗廣大指戰員的生活，在蔣匪軍進犯到自己家鄉來，最後並英勇地拿起槍來參加戰鬥的姑娘。在往日的戰鬥生活裏，我軍處於孤軍浴血奮戰時，挺身而出搶救傷員，並受過她們的教養，所以我要以最大的努力創造她，表現她。

姑娘——小花。我愛這個可愛的人民解放軍指戰員，我願意把我個人的一切獻給黨所培育的話劇、電影事業，更爲了感謝廣大觀衆對我的熱愛，使我經得起黨的考驗，長時間的爭錘煉，就如同先鋒隊員們開了多次的座談會，報告我們所創造的「喜兒」的形象和勞動觀衆見到的。我自本年十一月爲了給以金星成功的首的朝鮮戰場時代表演出，我們已完成了首都，北京最近努力學習史達林巡特演出的理論，並進行了「英雄陣地」的排演，以便自己成爲黨和强的祖國文藝戰士。

離開了羣衆，就如同魚離開了水。因之，幾年來我先後有幾個觀衆通過信、離開我們工作期與學習很忙，但我總要抽空回信。

我自本哈根所召開的世界婦女大會歸國後，就一直過遇去工作着，爲了滿足廣大指戰員和文藝工作同志們，特別是常深入連隊爲戰士們組織小型座談會，以指示他們演出的「戰鬥成長」中扮演趙一妻外，我又在活劇團「戰鬥友誼」中扮演趙服務，我在演出廣大指戰員的話劇，組織小型座談會，以指示他們演出的「戰鬥成長」中扮演趙一妻外，我又在活劇團「戰鬥友誼」中扮演趙服務，爲廣大指戰員演出，以滿足戰士演唱，那怕雨鞋濕了對我們的熱愛，我必須回答戰士們的要求，除演出外，在各地我還和工人、學生、文藝工作者，少年先鋒隊員們開了多次的座談會，並請代爲向那裏的同志們問好！

敬禮！

十二、十四、於北京

田 華

20世紀50年代初《大眾電影》雜誌刊發田華與觀眾交流創作體會的文章

《白毛女》电影故事外文版封面书影

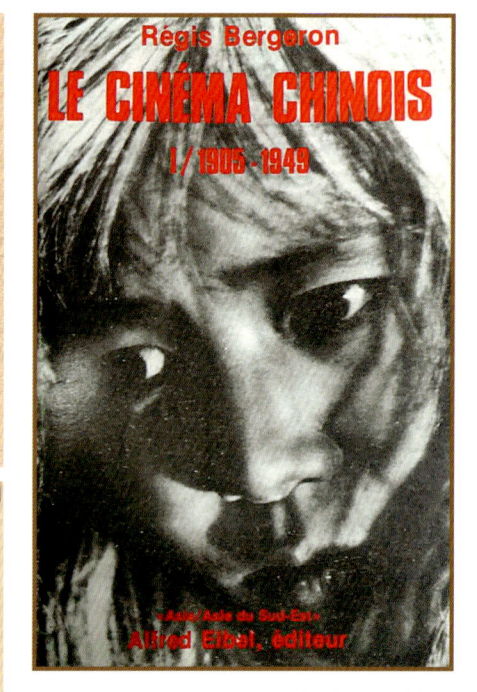

《白毛女》电影故事外文版封面书影

1990年在田华从事革命文艺工作五十周年座谈会上的讲话摘要

原八一电影制片厂厂长　陈播

五十年前，在抗日根据地晋察冀边区，当时我们住在河北灵寿县西边山村里。听说原来和我们一起在抗大二分校工作的汪洋、刘肖芜、徐曙、林韦、方璧等同志在军区抗敌剧社赶排演出著名话剧《日出》，我和诗人徐明背着背包走了四十多里路到平山县北部的小山村里。这里是晋察冀军区所在地区里，陈家院附近。这里离敌人大据点石家庄二百多华里，离县城据点不到一百华里。我们和聂荣臻司令员在野地里等着观赏《日出》的开幕演出。没有想到，就在搭的舞台旁边田坎

"我要报仇，我要活！"田华在影片《白毛女》一镜头

场子上，响起一片热闹的锣鼓声，伴随着一队男女少年儿童的民间舞蹈出场。这就是抗敌剧社少年艺术队表演的《霸王鞭》。他们头上扎着"朝天锥"小辫，花农服上系上大红腰带，手里拿着"霸王鞭"（一个和竹竿串着铜钱带响声的道具）伴着响亮的锣节奏跳跃着，交换着各种队形紧紧吸引观众的眼睛，激发着观众的喜悦情绪。我和诗人徐明也为之震动。后来知道，这一群少年中，就有田华同志。这大概就是她从事革命文艺工作的开始吧。五十年过去了，如在昨天。可是，

五十年终究是一百年的一半，由一个跳舞的少年，成为一个白发老人了。田华同志在这半个世纪里，为人民演出了许多戏和电影，特别是在社会主义的银幕上创造了许多感人的、令人难忘的艺术形象，成为人民崇敬的艺术家。

田华同志主演的《白毛女》不仅在国内享有知名度，更代表新中国艺术在许多国家放映，赢得千千万万外国观众的赞赏和对新中国的了解。这部影片来源于在延安鲁迅艺术院创作演出的新歌剧《白毛女》。毛泽东同志《在延安文艺座谈会上的讲话》发表后，指引了一代革命文艺工作者到群众中去。有了对劳动人民深厚感情之后，贺敬之同志等将河北西部山区的民间流传的故事创作成《白毛女》。全国解放后各大城市都上演这部新歌剧，代表了解放区革命的新文艺而影响全国。

《白毛女》歌剧和电影可以说是集体创作智慧的结晶，改编和导演这部影片时王滨和张水华起了主要作用，农民出身的河北平山籍土生土长的作家杨润身也参与创作。田华同志主演的喜儿这个角色，是新中国的银幕上令人难忘的、催人泪下的形象，为新中国电影，在电影表演艺术领域里，在创造民族风格化方面，做出了杰出的贡献。

在新中国银幕上，许多前辈表演艺术家如白杨、赵丹、金山、张瑞芳、秦怡、谢添等同志，以及在解放区的田方、崔嵬、于蓝、陈强等同志，为追求民族风格化，在各自创作角色中都有过许多不同的贡献，受到广大观众的爱戴和崇敬。而田华同志出身农民家庭，在八路军和解放军的剧团里受到锻炼、教育和熏陶，终于由舞台表演走上了银幕，在影片《白毛女》中，在表演领域里，对民族风格化的追求，显示出瑰丽光彩。今天回顾起来，是有下列因素的：

一、她对这部影片故事传说发生的地方有着非常熟悉的生活知识体验。这是《在延安文艺座谈会上的讲话》中所强调的艺术创造加工的源泉。在城市长大的姑娘，是演不好这个角色的。

二、革命军队中的战斗锻炼和政治教育。长期和人民在一起，军民一家，对劳动人民的深厚感情，对被压迫受剥削的贫苦农民痛苦生活的感受和理解，对他们倾注了阶级的爱，对地主阶级的恨，在剧本的支撑，在导演的指导下，爆发出浓烈深沉的感情火花，引领到对角色深刻的内心世界的理解，进而在感情深处表现出来。影片中剪贴窗花一组镜头，表现出一个纯洁天真的少女，对美好幸福生活的憧憬。她像一朵含苞待放的花朵，期待着阳光雨露准备开放。这正是民族风格化深层感情世界的表演，美的凝聚力的体现。在奶奶庙里巧遇黄世仁，以火焰般的愤怒扑上去，用手上拿来的贡果打出去，这是一个把人变成"鬼"的反抗，这又显示出柔弱女子在被污辱遭受种种磨难后强烈的自发的斗争感情。在大春到山洞里去找到她时先把她当作"鬼"后来才相认，喜儿倒在大春的怀里，昏倒过去，这一组镜头的表演是两个世界颠倒过来，获得救护非常深刻而又复杂感情的倾泻，拨动观众的心灵，催使观众落泪，阶级的爱，个人之间的爱融为一体，艺术形象塑造出灵魂深层感情的美，成为激动人心的力量，这正是对劳动人民深厚感情由理解到表现的艺术功底的体现。

三、正如上面所说，由于有了丰富农村生活知识，有了对劳动人民深厚的感情，再进入角色，才有创造源泉的依据。而逼真生活的表演，又是艺术表演实践的积累，特定的环境、特定情节的冲突，把演员推到思想情感最需要爆发出心灵火花时，这就是演员表演功力的所在。演技表演训练演员如何使用"注意力集中""动作放松""动作的调度节奏""性格化的造型""对白清晰与韵律"等等，这一切的表演知识与训练固然重要，而在田华同志的表演中，却首先想到的是中国农民生活的逼真，农村纯洁小姑娘的生活遭遇，命运坎坷中生活思想感情的再现，从内心世界引发出来的动作，感情，特别是能说话的眼睛的逼真表演。这又是民族风格化表演取得观众信赖，并引发观众同情共鸣之泪，在表演艺术上的成就。

四、艺术造型，演员表演艺术的造型，又在于外在形体，面部表情，眼睛的动态等，表演艺术对于生活总是要提炼，想象进而创造表达内心世界的外部肢体和面部造型的艺术表演。表演中国人，表演中国的故事，我国传统戏曲，有着丰富的传统程式化的表演积累。许多著名表演大师，从演唱到表演，创造了各种流派，风靡一时。新歌剧《白毛女》从文学创作到戏剧音乐创作在歌剧造型，都创造性地吸收了传统戏曲中许多优良可取的表演手法。电影《白毛女》既运用电影语言丰富形象手段，也大胆保留了歌曲中特有的表现，杨白劳被逼卖女而服毒自杀，在过年初一的早晨为喜儿所发现，都保留了喜儿在歌剧表演中悲伤痛苦的唱段。田华同志在表演中，特别是感情激化时，如看见自己头发变白的时候，痛苦交加，翻开头发，对天仰望，这

影片《白毛女》剧照

些是中国人感情的宣泄形式，也是戏曲表演中感情动作的夸张表演，而又激动观众的心灵。不像西洋歌剧，只注意歌唱表演，音调音色美的追求，缺乏强烈表现感情的动作。田华同志吸取了可用于电影表演的传统戏曲中优良的表演方法，也正是加深了民族风格化艺术表演特色。

我只是一个表演艺术欣赏者，而不是表演艺术理论家，我只是对于田华同志在电影《白毛女》中表演成就留下的深刻印象的回忆，作一些解读和阐述。她后来在《党的女儿》《碧海丹心》《秘密图纸》《法庭内外》等影片表演创作中又有许多新的发展。

今天，当党中央领导在新的历史条件下提倡弘扬民族优秀文化的时候，我觉得我们应该珍惜过去。在党领导下，在党的抚育和关怀下，我们曾经创造性地走出我们的路子。例如《白毛女》从歌剧到电影，在创造新歌剧新电影中，继承了优秀的民族传统艺术。田华同志在表演艺术中创造民族风格化，表现出璀璨夺目的光辉，值得大家来研究和总结，使之继续发扬、继续创新。这对于现在某些影片盲目学外国，照抄照搬外国电影中所表现那些西方资产阶级生活方式，是一种强有力的否定和批判；对于那些忘记我们自己的优秀民族风格化传统，而必洋教条去表现表面现象，甚至不加思考随意表演不切实生活的一些坏风气，也是一种严正的批评。

田华同志从一个梳小辫的小姑娘，到白发如霜的老人，从舞台到银幕，到电视荧屏，为人民奉献了半个世纪，她的丰富表演艺术积蓄，不仅是八一厂的艺术财富，而且是整个电影艺术宝库里的珠宝，我们要珍爱她，研究她，使她的表演艺术发扬光大，使她在发扬民族风格化的表演艺术方面，有更多的创新，为弘扬民族优秀文化做出更大的贡献！

影片《白毛女》剧照

田华与李百万、张莹在影片《白毛女》中——"山洞重逢"一镜头

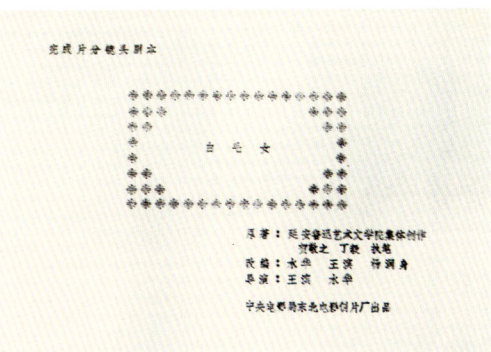

1950年《白毛女》完成片分镜头本

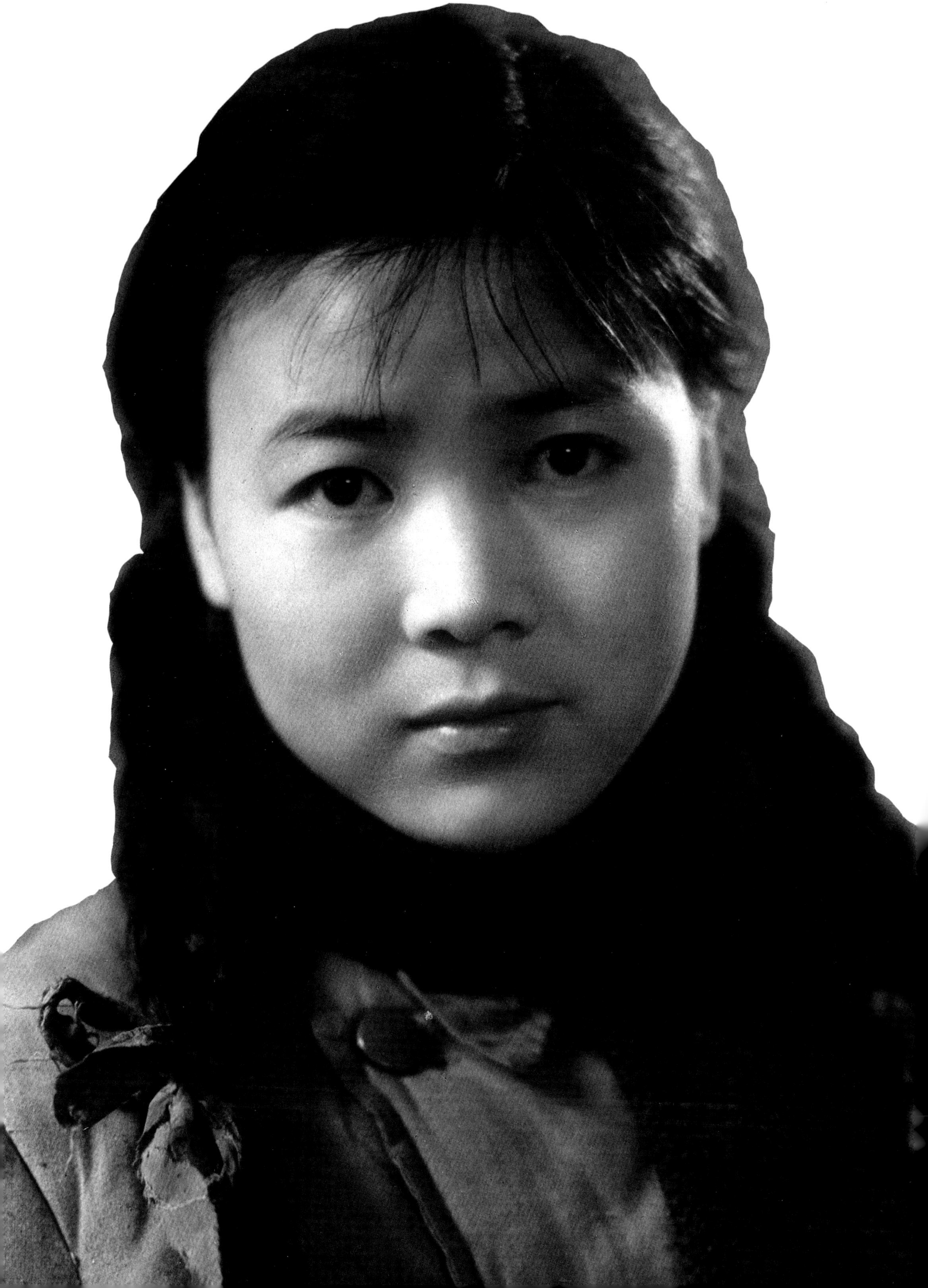

田华，1950年摄于故宫角楼　　拍摄于20世纪60年代

1990年在田华从事革命文艺工作五十周年座谈会上的讲话摘要

原八一电影制片厂厂长　刘佳

邓小平同志在第四届文代会上的"祝词"中有这样几句话："人民是文艺工作者的母亲，一切进步文艺工作者的艺术生命，就在于他们同人民之间的血肉联系。"

田华同志是农家的女儿，幼年就耳濡目染"锄禾日当午，汗滴禾下土"的情景，经常在田里帮助父兄做辅助劳动，体会到"谁知盘中餐，粒粒皆辛苦"的滋味。

在她参军后的十几年中，生活和战斗在敌人后方的晋察冀抗日民主根据地。她是在中国共产党领导的敌后人民哺育下，子弟兵的关怀下长大的。在那战火纷飞的年月，承受着乡亲们的厚爱、胜利的欢欣，也有失败的痛苦，牺牲的悲哀，以及求知的渴望，探索的烦忧。

当时部队政治机关和宣传部门的领导，在她参加到文艺工作行列中的第一天，就教育她：文艺要为抗战服务，为部队服务，为人民服务。晋察冀军区司令员兼政治委员聂荣臻同志就号召文艺工作者："到连队上生活一个时期，真正体验一下战斗生活，在必要时扛起枪杆，跟战士们一起战斗，那一定和今天的生活大不相同，会写

出很真实的东西来。"田华同志是到敌后的对敌"政治攻势"中这么做了，是在指战员的提携与保护之下做的，手里拿的不是枪杆而是手榴弹。

待到毛主席《在延安文艺座谈会上的讲话》发表之后，为工农兵服务的方向，以及如何做法，都明确而深刻地讲到了。其中"中国革命的文学家艺术家，有出息的文学家艺术家，必须到群众中去，必须长期地无条件地全心全意地到工农兵群众中去，到火热的斗争中去，到人民群众生活最丰富的源泉中去……"这些教诲，既指出了文艺工作者奋斗前进的方向，又告诉文艺工作者的根或基础要扎在那里。

田华和我们这一代人，是在党的感召之下，怀着赤子之心，树立起崇高理想，愿为党的文艺事业奋斗终生。遵循这一目标，学习和实践，提高自己的政治水平与业务水平，不辜负党的教诲，为人民有所奉献，为提高部队战斗力添一把劲。就在全国解放入城之后，仍然不断地深入生活，同京郊的八角村建立了联系点，以后随时前去求教。进一步加深同部队的战斗友谊，同人民群众的鱼水深情。

1951年，田华在北京太庙留影（苏凡 摄）

正因为田华同志有着丰富厚实的生活积累，又不断刻苦学习与认真地艺术实践，使她在戏剧舞台上所表演的角色，是神形兼顾，夸张有度，真实朴素；在银幕展现的每一个人物，都有着浓郁的生活气息，农家女儿的神态，不温不火，自然大方。生活是创作的源泉，这是异常宝贵的。这和前些时候，有人大叫文艺要"远离生活""淡化生活"，相去何止千万里。

我曾在田华的一个小本子上，看到周总理给她写的"努力学习，努力改造，努力工作"的字句。这不只是勉励田华这样做人、实践、学习、改造自身修养的不足，也是希望她在艺术工作岗位上不断学习，常思进取，锐意创新。

田华是带着泥土气息走进革命的行列，跟着红旗冲过硝烟迷雾。她永不忘记泥土的芬芳和战火的磨砺，不满足于过往的成就，继续攀登艺术的高峰。

中央戏剧学院"表训班"

结束了《白毛女》的拍摄后,田华又回到了原单位华北军区文工团。并非电影演员的田华,通过一部《白毛女》红遍天下,也正是通过这部电影的拍摄,她感到了自己表演上的差距和理论的贫乏。于是,在主演《白毛女》四年之后的1955年,她推掉了上影厂赵明导演力邀她主演的《凤凰之歌》,顺利地考取了中央戏剧学院举办的表演干部训练班,开始接受正规的舞台表演训练,由苏联专家鲍里斯·格力戈里耶维奇·库里涅夫用实践教学进行系统的理论指导,主讲斯坦尼斯拉夫斯基戏剧表演体系。特别是通过主演话剧《暴风骤雨》和莎士比亚名剧《罗密欧与朱丽叶》及参演了苏联题材的话剧《小市民》等剧目的舞台实践,在表演上有了飞跃性的进步和实质性的提升。

田华在"中戏表训班"毕业之后,继续回到沈阳军区抗敌话剧团当演员。接着,相继主演了《花好月圆》《党的女儿》《风暴》《江山多娇》等影片,尤其是在《党的女儿》中,田华出色地塑造出了优秀女共产党员李玉梅,成为她继《白毛女》中的喜儿之后,又一个光彩照人的银幕形象。

田华在"中戏表训班"听课

田华与化群、岳慎、蓝天野等人聆听苏联戏剧专家库里涅夫授课，排练高尔基的作品《小市民》

田华与鲁非在中戏表训班演出的话剧《暴风骤雨》中，扮演童养媳刘桂兰结婚的一场戏，方掬芬、岳慎、刘燕瑾、稽启明、赵凡、徐企平、蓝天野等人参加演出

田华与李炎在演出话剧《同甘共苦》时与扮演女儿的玉芳在一起合影留念。多年后，长大后成为化装师的玉芳给田华写信一抒情怀

田华和姚向黎、于蓝、刘燕瑾、方掬芬、李守荣等人在"中戏表训班"学习期间排演无实物练习

1990年在田华从事革命文艺工作五十周年座谈会上的发言

原中国儿童电影制片厂厂长、电影事业家、电影表演艺术家 于蓝

田华曾经是我的同学,我们都曾在中央戏剧学院表演干部训练班学习。她非常受同学们的爱戴,也非常受专家们的重视。记得她在演《暴风骤雨》的小品片段时,她和鲁非一起,演了一小段小品,一下就被专家看中了,就变成了一个多幕话剧《暴风骤雨》。

田华是从硝烟和沃土中成长起来的一位党的艺术家。她已取得了很大的成绩,但她还不满足,还愿意做一个小学生。我们在一个小小的排练场里,非常艰苦地学习了两年。她有初露头角、才华半露的白毛女,也有表演分寸炉火纯青的女法官高勤,说明田华同志不仅具有自己的才华,包括工作生活、表演激情、严肃认真的创作态度,还有精湛、深入的表演方法,创作都是十分正确的,她才能完整成熟地走上表演艺术道路,创作出很多优秀的角色。她写了一篇表演回顾,题目是《沃土硝烟育我她》。她还愿意做烛光,做石子,为他人发展贡献自己的力量,这一点精神也是非常感动人的。正是因为她是从硝烟沃土中成长起来的,所以就决定了她和人民群众的关系,那么多的人民群众见了她都无限地热爱。她的心始终与人民的心在一起的。她没有忘掉革命,没有忘掉人民。她是无愧于人民的艺术家,人民所给予她的称赞也是她最高的奖赏。我为她而高兴,而骄傲。

女人大代表成为红色中国第一个"朱丽叶"

戴维·奇普（David Chipp，英）

北京的观众欣喜地看到共产主义中国第一次上演莎士比亚名剧《罗密欧与朱丽叶》。中国最著名的女演员之一，漂亮而小巧的田华担任主演。她还是全国人大代表，在人大会议上商讨着财经和农业问题。

田华——中国最著名的女演员之一，1955年6月中旬在北京同时扮演着两个角色：晚上，她身着少女的白裙，在维罗那的阳台上低声呼唤："罗密欧，罗密欧，你为什么死，罗密欧！"这是1949年共产党执政以来中国第一次上演莎士比亚的戏剧；白天，她却像当今大多数中国妇女一样身穿严肃的制服和长裤，以一个人大代表的身份在参加有关财经、农业和政府等问题的讨论。

这种差别令人惊异，也带给她很高的声望。在舞台上，她可以成功地扮演一个为初恋的兴奋而激动不已的13岁的少女朱丽叶；而在人大会议上，她又俨然是一个致力于政治而且很能干的新中国的女青年。

她并不觉得当演员和做人大代表有什么矛盾之处。她说得挺有道理，通过下去巡回演出，她可能比很多其他代表更多地了解整个国家。

在人大代表中，至少还有另外两名女演员和一个剧院管理者，他们不仅代表着各自的单位，而且代表着戏剧界乃至全体"文艺工作者"。

1955年，周恩来总理介绍路透社记者戴维·奇普和扮演朱丽叶的田华及在歌剧《白毛女》中饰演喜儿的王昆相识

主演电影《白毛女》而一举成名的田华现年27岁。她从12岁起就参加了一个部队演剧社，开始了她的表演生涯。她与一位剧团领导结婚，生了两个男孩，一个四岁，一个三岁。

目前上演的《罗密欧与朱丽叶》是计划中要上演的几部莎士比亚戏剧的第一部。如果翻译问题能够顺利解决的话，其他几部还会陆续上演。

几年前也曾有几部莎剧被翻译和演出过，但田华和罗密欧扮演者32岁的男演员稽启明都对我说，那些译本虽然能让人读懂，却很难在舞台上演出。

目前上演的这个译本是几年前由一位名叫曹易（音译）的剧作家翻译的，据说是现有当中最好的，当然也是基本上符合原著的。

不过在演出结束后，周恩来总理在跟我探讨这个问题时告诉我，尽管已经有了一些改进，但译本还是不够好，无法让他感受到他在中学时读过的原著当中的那种美。

他对此事的关注不仅仅因为他是一个热心的戏剧爱好者（他还曾经是一位业余演员），而且还反映出了中国知识分子对莎士比亚戏剧的理解。在从剧院回来的路上，我的翻译向我滔滔不绝地说起了有关诠释莎士比亚的深奥理论。她在大学的英语课学习中曾经精读过莎士比亚的三部剧作。

田华在"中戏表训班"演出的舞台剧《罗密欧与朱丽叶》中饰朱丽叶"殉情"的一场戏，同台参加演出的有姚向黎、稽启明、化群、王一之、庄则敬、胡思庆等人

田华出席中华人民共和国第一届全国人民代表大会的代表证书

田华主演莎士比亚爱情悲剧《罗密欧与朱丽叶》后外文报道

当时在印度《国日报道》报发表的文章"女人大代表饰演中国第一个朱丽叶"

时隔多年，在北京庆祝英国路透社成立一百年纪念活动中，田华与当年报道她在"中戏表训班"演出莎翁名剧《罗密欧与朱丽叶》的路透社记者戴维·奇普再次相逢

莎士比亚是一位"文化巨人"，对于这一点，这里的人们与世界其他地方的人们一样，有着相同的认识。

《罗密欧与朱丽叶》在这里如此受欢迎并不奇怪，因为它与一部家喻户晓的中国戏曲有着十分相似的故事：在那部名叫《梁山伯与祝英台》的戏曲中，一对不幸的恋人最终也是双双殉情而死。

演职人员为使这部只有文字脚本的戏剧产生很好的视觉效果付出了巨大的努力。

丹尼（音译）是一位二战前曾在伦敦戏剧工作室学习过的女演员。在她的执导下，这部戏演得很流畅，尽管有此前西方的演出版本作依照，他们的演出还是表现出了自己天然朴实，不饰做作的风格。

布景设计得很美，其中一部分还颇具独创性。服装虽基本上按照西方的传统设计，但也不乏一些中国织锦的样式。

由一位中国青年作曲家陈平（音译）专门创作的音乐也很引人注目。尤其是在开幕时，蒙太古和卡普莱从舞台两侧大步走出，怒目相对，在合唱声中宣告了序幕的开始，这段音乐很有效果。

田华的表演令人称奇，很少有女演员能演得如此成功。她对一个初恋少女的表演令人信服，并逐步在阳台一场戏中达到了预期的高潮。这场戏是那样地为人们所熟知，因而难度也格外的大。

1955年，周恩来总理观看高尔基的剧作《小市民》演出后，与田华、蓝天野、朱启穗、李守荣、于蓝、胡思庆、刘燕瑾、稽启明、岳慎、姚向黎、赵凡、张憧、化群、朱子铮及苏联戏剧专家库里涅夫、中戏副院长沙可夫及李伯钊、丹尼、吕复、朱星楠、王一之等人合影留念

1956年，话剧《暴风骤雨》演出后，田华与"中戏表训班"的院领导欧阳予倩、曹禺、李伯钊、沙可夫、吕复，苏联专家列斯里、库里涅夫，艺术指导孙维世、丹尼、周民、朱星楠、王一之，吴雪，学员稽启明、张憧、张宏轩、陈铮、宋廷锡、岳慎、姚向黎、赵凡、化群、赵韫如、庄则敬、蓝天野、朱启穗、李守荣、于蓝、胡思庆、刘燕瑾、朱子铮等人合影留念

根据赵树理小说《三里湾》改编

编剧、导演：郭维　　摄影：葛伟卿　　录音：申顾礼　　美术：王兴文
作曲：雷振邦　　剧务主任：廖凡　　副导演：赵文发　　剪接：王联
指挥：尹升山　　演奏：长影民族乐队　　合唱：北京大学生合唱团民族歌队
演员：

范登高——王秋颖	范灵芝——田　华	王玉生——秦　汉	马有翼——杨启天
王玉梅——陈　琳	王金生——王景方	张乐意——徐连凯	糊涂涂——郭　筠
常有理——霍　克	铁算盘——顾　谦	袁小俊——金　迪	能不够——陈立中
王满喜——郭振清	登高妻——蒙　纳	袁天成——阎　杰	惹不起——侯　旭
小　聚——贺汝瑜			

生不逢时的《花好月圆》

《白毛女》取得了巨大成功的6年后，田华又被长影厂的著名导演郭维选中，在农村题材影片《花好月圆》中出演女主角范灵芝。

此前，郭维已成功地执导了描写战争题材的人物传记故事片《董存瑞》。该片在赢得广泛的声誉的同时，又被一些人暗自嘲讽说他是只顾表现"战争残酷"的"战争贩子"。此话传到郭维耳边后，他很是愤慨，也很不服气，立志要拍一部风格清新且充满喜剧色彩的农村题材电影。于是，根据山西著名作家赵树理的"山药蛋派"代表作《三里湾》改编的故事片《花好月圆》就应运而生了。

该片讲述了华北农村的三里湾村正筹划着开渠、扩社，支部决定让村长范登高去动员富裕农民"糊涂涂"让出他家祖传的刀把地。范登高非但不做劝说工作，反而带头反对支部决定，进城去跑买卖，搞个人发家致富。民兵队长王玉生对村长的这种行为极为不满，二人争执非常激烈。范登高的女儿灵芝与富裕农民"糊涂涂"的儿子马有翼，都是共青团员，又是村里仅有的两个中学生。他们都恨自己的家庭落后。灵芝要走社会主义道路，和父亲进行斗争；有翼则怯弱，屈服于家庭的顽固势力。党支部针对个别党员、干部的思想情况，做出了提前整党的决定。范登高热衷于小买卖，放弃扩社宣传，受到留党察看的处分；党支部对另一些思想不坚定的党员像袁天成也进行了教育帮助。"糊涂涂"为了拉住儿子有翼不入社，保住刀把地，暗中和"能不够"商量，把"能不够"的女儿小俊嫁给有翼。灵芝爱过有翼，原来就对有翼的怯弱很不满。在玉生和小俊因志趣不合离婚后，她和玉生由于工作中经常接触，便对玉生产生了好感。这时，当她听说有翼和小俊要结婚，于是离开了有翼，向玉生表白了自己对他的爱情。后来有翼在另一个女青年玉梅等人的帮助下，鼓起勇气和家庭进行斗争，挣脱了家庭的包办婚姻，将自己所分得的一份土地交给合作社开渠，并促使全家入了社。经过青年们的斗争，三里湾开渠、扩社的事终于成功。玉生与灵芝、有翼与玉梅、满喜与小俊分别实现了自由结婚的心愿。他们迈着幸福的步伐劳动和生活。

然而这样一部笑料迭出的农村喜剧片，却是生不逢时，刚一出台就碰上了"枪口刀刃"：在1957年的"反右"斗争中，先是郭维连同本厂的导演沙蒙、吕班一起被错误地打成了反党、

反社会主义的"右派分子",尔后电影又被拔了"白旗",导致已经拍摄完成了的影片一直不能公演。故此,田华饰演的范灵芝一直无人知晓。直到时隔二十多年后,步入天命之年的田华在杭州出外景的时候,才第一次在银幕上完整地看到了自己年轻时代主演的这部电影,唏嘘不已。

影片《花好月圆》海报

田华、杨启天在影片《花好月圆》中分别饰演男女主角范灵芝与马有翼

田华、秦汉在影片《花好月圆》中分别饰演范灵芝与王玉生

田华、秦汉、王秋颖在影片《花好月圆》中分别饰演范灵芝、王玉生、范登高

田华在影片《花好月圆》中饰演女主角范灵芝的一组剧照

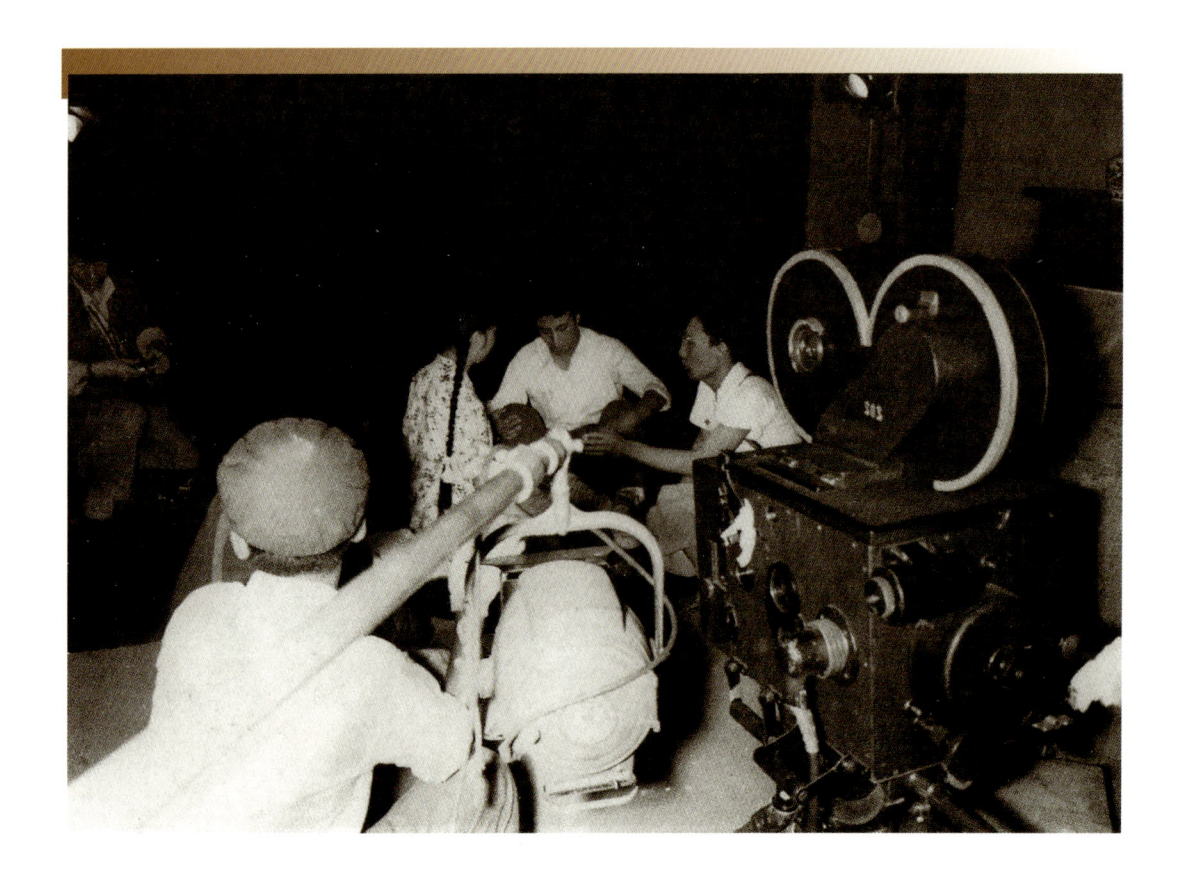

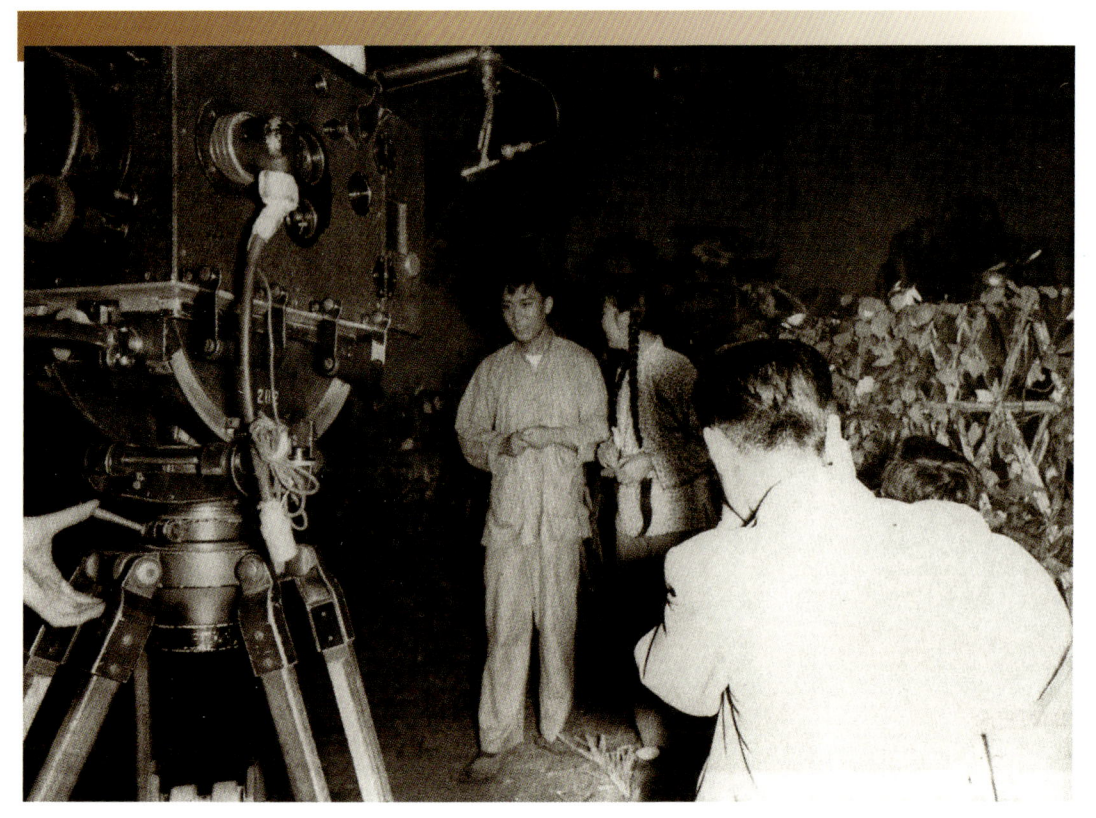

影片《花好月圆》工作照

1990 年在田华从事革命文艺工作五十周年座谈会上的发言

北京电影制片厂演员 陈立中

我们都知道，田华同志这些年来都是忠心耿耿、兢兢业业工作的。无论从舞台到银幕，她都是以严肃认真、朴实无华的态度来创造每一个角色。那一个个栩栩如生的艺术形象，深深地感动着观众。我们在一起曾经合作过《花好月圆》。那已经是好多年前的事情了。她扮演的农村女青年和后来在《江山多娇》和《夺印》中同样饰演的农村女青年，却有着很大的不同。这就是田华同志精湛演技的具体表现。正如同志们所说，田华同志所创造的角色，正是体现了她本人的品质，是那样地朴实、纯真、热情、忠厚。只有这样的革命文艺工作者，才能创造出有血有肉、活生生的各种人物形象来。

众所周知，田华同志1960年正式调入八一电影制片厂，1962年获得国家文化部评选出来的新中国"22大电影明星"之一的特殊荣誉。后又在八一厂主演和参演了《夺印》《碧海丹心》《白求恩大夫》和《秘密图纸》等著名影片。我在《白求恩大夫》中扮演大娘，有幸再次跟田华同志合作。虽然她扮演的冯军医只有两场戏几个镜头，但却表演得丝丝入扣，很有光彩。这也许就是明星潜在的魅力吧。

田华同志是我们文艺界的楷模，也是我们学习的表演艺术家。但愿田华同志，在身体健康、力所能及的情况下，继续努力，再上一层楼，给我们的广大观众、特别是许许多多的青年后生们多贡献一些宝贵的精神财富。

田华与霍克、赵文发、陈立中、郭维、郭筠、蒙纳、王秋颖、贺汝瑜、顾谦、杨启天、申顾礼、秦汉、王景方、金迪、陈琳等《花好月圆》剧组成员合影留念

根据王愿坚小说《党费》改编

原著：王愿坚　　编剧：林杉　　导演：林农　　摄影：王启民　　作曲：张棣昌　　美术：刘学尧
录音：陈文渊　　剧务主任：武恩　　演唱：李忆兰　　演奏：长影乐团　　指挥：尹升山
演员：

李玉梅——田华	王杰——陈戈	马家辉——李林	秀英——李萌
匪军官——周文彬	小程——王春英	魏政委——张凤翔	二姐——夏佩杰
惠珍——杜凤霞	支部书记——任颐	桂英——孟宪英	秀英爷爷——高平
小妞——沈竞华	土生——李英举	敌副官——庞学勤	

《党的女儿》再现银幕风采

　　1957年，一部由田华主演的革命斗争题材的电影《党的女儿》，使她从单纯善良而饱受苦难的喜儿走出来，跨进了红军时期对党忠贞不贰的共产党员李玉梅的红色世界。

　　当时，《党的女儿》一片由林杉改编自著名作家王愿坚短篇小说《党费》，原定由长影厂的导演沙蒙执导，邀请上影厂的著名演员秦怡主演，可是，正当影片即将开拍之际，沙蒙不幸在当年"反右"斗争中，被错误地打成了"右派分子"。由于影片的摄制组人马已经到齐，再加上该片的主题正是当时所大力提倡的"工农兵"题材，所以导演林农临危受命。而此时，秦怡已经参演了本厂的《女篮5号》，与这个角色失之交臂。因为林农对当年的《白毛女》印象颇深，他决定由田华来饰演李玉梅。

　　影片《党的女儿》的故事发生在土地革命战争时期，江西老根据地的红军北上抗日后，兴国县桃花乡又重新落入国民党统治之中，中共地下党组织遭到严重的破坏，到处是白色恐怖。女共产党员李玉梅死里逃生，历经艰难

影片《党的女儿》剧照　　　　　　　　影片《党的女儿》工作照

田华在影片《党的女儿》中饰长大以后的女儿小妞

田华与陈戈在影片《党的女儿》中父女相认的镜头

万险，独身一人上东山去寻找游击队，并和另外两个女共产党员秀英和惠珍自发地成立了党小组，由李玉梅担任党小组组长，领导群众坚持对敌斗争。几经周折，终于又与东山的游击队取得了联系。当通讯员小程到李玉梅家中取走党小组为游击队准备的咸菜时，不幸被一直暗中监视李玉梅的无耻叛徒马家辉跟踪并被敌人包围。为掩护小程脱险，李玉梅挺身而出，英勇就义。影片以其鲜明的主题，描写了中国共产党人历经艰难，前赴后继的英雄业绩，给人一种悲壮惨烈的深刻记忆。正如影片中李玉梅的丈夫王杰在时隔二十多年后再次与女儿小妞相聚时所言："22年了，我们有多少像你妈妈这样党的好女儿……"

田华在《党的女儿》中成功地扮演的李玉梅这个角色，在中国银幕长廊里，熠熠生辉，闪射出无比耀眼的一道光芒。虽然说这个角色感情起伏较大，还要在殊死搏斗中显示出主人公的智慧、觉悟和爱憎分明的感情，但田华在表演中拿捏得当，赋予了人物朴实中见刚烈、平凡中方显英雄本色的光彩。既自然又富有激情的精湛表演，真实而艺术化地表现出党的女儿为理想、为信仰、为革命、为人民英勇无畏的献身精神，演员本身与银幕角色令人信服地融合在一起。

著名文学家茅盾在评价该片思想和艺术成就时指出："田华同志塑造的李玉梅的形象是卓越的，没有她的杰出的表演，这部影片不能给人以那样深刻而强烈的感染。"影片《党的女儿》隆重上映后，再次形成与《白毛女》异曲同工的观看旋风。随后在苏联放映时也是十分轰动，导演林农和主演田华在很短的时间里，收到了许多国内和苏联观众热情洋溢的来信。

影片《党的女儿》剧照

田华与陈戈在影片《党的女儿》中饰演长大后的小妞与父亲

关于《党的女儿》

茅盾

《党的女儿》是一部好影片。

扼要地说,好处有这么几条:

它有力而且鲜明地表现了党在群众中间的威信怎样地高,群众拥护党怎样地热烈而且忠心耿耿;

它成功地塑造了党所培养和教育出来的坚强的党员形象,这些忠贞的党员都是有个性的活生生的人物;

它出色地描写了李玉梅的忠贞、勇敢和机智,给观众以学习的典范;

它用简练的手法表现了白匪的疯狂残暴,继而有力地描写了群众并没有被吓倒,群众锻炼得更加坚强了,更迫切地要求党来领导他们了;

它写了一个叛徒,可是这个叛徒出来出卖几个党员而外,不能拖任何人下水,连他自己的老婆后来也反对他了;由于有了叛徒,党组织受到破坏,可是这吓不倒留下来的党员,也吓不倒群众,他们始终坚持着革命斗争。

它写了叛徒的阴谋活动以及白色恐怖的场面,都能够不给观众以阴森沮丧的感觉,而恰恰相反,使观众情绪高昂,产生革命乐观主义精神。

以上就是这部影片的优点。

从这些优点,我们有理由说:这部影片具有一定高度的思想性。

表达这些思想内容的,是相当完整的艺术形式。这也可以扼要地举出这么几点:

故事的发展很有旋律感,然而又很自然;

有些场面近于惊险,然而合于生活逻辑,不给观众以矫揉造作之感;

善于使用富有典型性的小事件来勾勒人物的性格;

正因为能够简洁地勾勒人物面貌,所以影片中几个次要人物的戏虽不多,给观众的印象却是深刻的;

这些次要人物在故事的发展中都起到一定的作用,是整个故事的有机部分而不是随便作为陪衬的。

茅盾发表在《大众电影》杂志刊首语的文章中指出:"田华同志塑造的李玉梅的形象,是卓越的。没有她的杰出表演,这部影片不能给人以那样深刻而强烈的感染。"

影片《党的女儿》海报

影片《党的女儿》画册（外文版）

最后，我们也应当指出，田华同志塑造的李玉梅的形象，是卓越的。没有她的杰出表演，这部影片不能给人以那样深刻而强烈的感染。

和《党的女儿》属于同类题材的影片，我们拍摄过不少了；《党的女儿》如果还不能说是这一类中间最好的一部，也应当说是最好的两三部间的一部。《党的女儿》在过去的同类题材的丰富经验中，有所吸取也有所扬弃。在我看来，这至少表现在下列三点：它写李玉梅，不仅写了她对敌人坚贞不屈的一面，也写了他随机应变、坚持工作（在失去上级党委领导的情况下，她和秀英她们成立党小组，坚持地下斗争）的一面；它不取过多地描写敌人的白色恐怖来同党员和群众的坚强不屈作对比的老手法，而恰当地处理了敌人愈残暴、党员和群众的革命斗争更坚强的场面；它写了群众不是单纯地依靠党而是发挥了革命的主观能动性，衬托出党对群众教育作用的深入。

这些突出的优点是应当给以足够的估计的。

这部影片用相离二十二年的父女重逢作为回叙故事的引子，手法是灵活的；然而也不免使人发生这样的疑问：革命胜利已经五年，为什么小妞不曾找过父亲，而高级军官的父亲也无法探明女儿的下落，非要这样偶然相逢不可呢？这个引子，缺乏说服力。不过，这是小节，无损于影片的价值。

最后，值得指出来的，这部影片是大跃进中的一朵花，它体现了党号召的"多快好省"的原则。这是电影事业中新气象的一例。看了影片以后，我由衷地对于这部影片的编剧、导演、演员以及其他工作同志表示崇高的敬意。

（摘自原文化部部长茅盾发表在《大众电影》杂志刊首语的文章）

《党的女儿》的剧照,刊登在当年度的《长春电影画报》杂志封面上

《党的女儿》的剧照,刊登在当年度的《大众电影》杂志封面上

《党的女儿》的剧照,刊登在当年度的《百花》杂志封面上

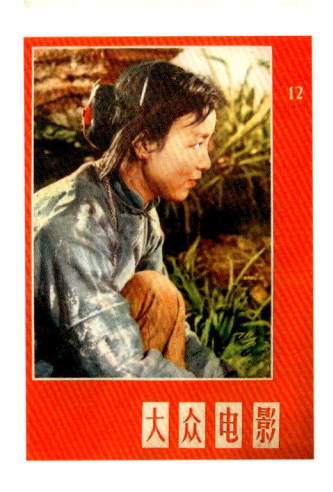

1990年在田华从事革命文艺工作五十周年座谈会上的讲话

原文化部副部长 陈荒煤

我这一生中,也穿过几年军装,也是一个人民解放军的退伍兵,我深深地感受到中国的革命文艺活动,特别是抗日战争之后,解放军的文艺战士在毛泽东文艺战线立下了很大的功勋,把他们的军队和人民密切相连,忠于党的事业,对人民全心全意服务的这种精神,带到我们电影战线上来,带到我们文艺战线上来,而且不断地提供了许多优秀的人才,支援了我们国家的电影事业、文艺事业。因此,我觉得田华同志主要突出的贡献就是在发扬民族风格化的表演艺术方面,取得了很大的成就,可以说是卓越的成就,这也确实说明与中国电影事业、中国文艺运动、中国文化事业有一个一脉相承的共同特征,我们是按照毛主席在延安文艺座谈会讲话的方面所讲的那样,文武两支大军密切联系、共同作战的。

编剧：王云、黄宗江　　导演：王苹　　摄影：薛伯青　　美术：李辛卯
作曲：高如星　　录音：李彦　　副导演：杨庆卫、谷德显　　特技设计：佟翔天
特技摄影：何如　　剪接：罗玉　　剧务主任：马万良　　制片主任：王影
指挥：冯光涛　　男声独唱：孟贵彬　　女声独唱：马玉涛
演员：

岳 仙——田 华	奶 奶——凌 元	文书记——李 炎	高国林——李长华	凤 儿——陶玉玲
岳老信——刘 磊	许支书——于纯绵	坠 儿——鲍梦梅	坠儿爹——石存玉	坠儿妈——曲 云
小 五——霍德集	和 尚——刘秉章	三 福——赵学民	巧 芝——张 帆	方社长——周正禹
嫂 子——袁 霞	麻 豆——王沛然	保 明——张善甫		

战天斗地 《江山多娇》

1959年，中华人民共和国成立十周年，八一电影制片厂准备开拍一部农村现实题材影片《江山多娇》，王云、黄宗江编剧，王苹导演，薛伯青摄影，借用在华北军区文工团的田华担纲主演，李炎、李长华、凌元和陶玉玲等演员加盟。

《江山多娇》的故事取材于真人真事，人物原型是河南南阳地区禹县被评为"全国三八红旗手"的女青年郭仙。主要讲述了为了改变山区的落后面貌，河南省蟠龙山农业合作社在县委的领导下，与有保守思想的方社长和岳老信等人进行了坚决的斗争，冲破了落后思想的阻挠，组成了一支青年突击队，十八岁的女共青团员岳仙积极响应党的号召，第一个报名参加了青年突击队。女人上山治理荒山，引起了一些有封建思想的人们的议论，姑娘们被阻止参加，岳仙也遭到父亲的阻拦。但是，她没有动摇自己的决心，与父亲进行了坚决的斗争，终于得以成行。治理荒山的劳动紧张繁重，在劳动中，队长许清波不慎摔伤，使队员产生了恐惧畏难的心理，许多人离开了治山的阵地，甚至连岳仙的男朋友高国林也埋怨她有个人英雄主义，工作一下子陷入困难之中。这时，县委文书记及时赶到，他在了解了情况后，指任岳仙担任突击队长。岳仙在文书记的帮助和鼓励下，重新动员群众，巩固扩大了突击队。突击队在她的带领下，经过艰难的苦战，终于把荒山变成了花果山，青年突击队也被树立为治山先进典型。

影片《江山多娇》海报

影片在故事的发生地河南南阳地区的禹县和吉林通化等地进行拍摄。著名导演王苹在执导广受好评的《柳堡的故事》和《永不消逝的电波》之后，又接手了这样一部描写现实生活农村题材的影片。田华饰演的岳仙真实可信，完全有别于《花好月圆》中范灵芝的角色塑造。同是农村女青年，不仅两者人物造型有所不同，关键是田华从人物个性特征和生活轨迹入手，使其泾渭分明，鲜活立体而生动。

影片《江山多娇》剧照

影片《江山多娇》中,李炎饰演的文书记给田华饰演的岳仙做工作

田华在体验生活时，与电影《江山多娇》女主角的人物原型、全国劳动模范郭仙合影

田华与李长华、崔荣久、刘磊、霍德集、石存玉、王沛然、鲍梦梅、张帆等人在影片《江山多娇》中

田华与刘磊、袁霞、凌元在影片《江山多娇》中，父亲不同意女儿上山搞水土保护，为此父女争吵，众人劝架的场景

田华与刘磊在影片《江山多娇》中

影片《江山多娇》中岳仙给青年社员讲解农业科学知识

田华与陶玉玲在影片《江山多娇》拍摄现场

田华与摄影师薛伯青、导演王苹、演员陶玉玲等人在吉林省通化外景地拍摄电影《江山多娇》

根据话剧《红色风暴》改编

编剧、导演：金山	摄影：朱今明	作曲：刘炽	美术：秦威	化妆：孙鸿魁
副导演：张逸生、邵华	剪辑：顾德荣	照明：张海山	录音：陈燕嬉	特技摄影：张尔瓒
特技美术：刘鸿文	制片主任：纪少岚	演奏：中央乐团交响乐队合唱队		指挥：李德伦、秋里

演员：

林祥谦——李 翔	施 洋——金 山	老 何——吴 雪	孙玉亮——张 平	陈桂贞——田 华
白坚武——石 羽	林瑞和——梅 熹	施洋妻——路 曦	吴佩孚——冯一夫	魏学清——王 斑
黄德发——鲁 非	江 妻——杨 静	黄 妻——林东昇	吴伯林——孟庆良	胡大头——王 培
赵继贤——李耀华	黄殿辰——田 陇	英国驻汉口总领事——谭宁邦		
美国驻汉口总领事——魏立达		法国厂长——白瑞克		

建国十周年献礼片《风暴》

1959 年，田华在拍摄《江山多娇》的同时，还被北京电影制片厂借用，在庆祝中华人民共和国成立十周年献礼片《风暴》中，扮演林祥谦的妻子陈桂贞。

这部北影厂的重点片是著名剧作家、演员金山根据中国青年艺术剧院排演描写二七大罢工革命斗争的话剧《红色风暴》改编而成，主要叙述了 1922 年夏天，中共党员工人林祥谦和律师施洋发动工人群众，解救无端被逮捕的工人黄德发，并组织工会、开办夜校，在工人群众中积极发展党员。林祥谦在党的指示下奔走于京汉铁路线上，联系各地工会，筹组京汉铁路总工会，并聘请施洋为法律顾问。1923 年 1 月，京汉铁路 16 个工会的代表与全国各界代表到郑州集会，准备成立京汉铁路总工会。军阀吴佩孚禁止工人集会，军警与工人发生激烈冲突，但工人们团结一心、勇敢无畏，成立大会最终召开。吴佩孚又悍然镇压，林祥谦、施洋将总工会迁往江岸，并酝酿罢工。1923 年 2 月 4 日上午 8 时，江岸机车厂汽笛长鸣，宣告罢工开始，整个京汉铁路陷入瘫痪。1923 年 2 月 7 日，吴佩孚开始对工人进行大屠杀，林祥谦和施洋相继被捕，但他们英勇顽强，为革命事业献出了宝贵生命。

对于剧中男主角林祥谦的妻子陈桂贞一角，金山特别邀请田华来担任。虽说这个角色并非主角，出场的镜头也较少，但田华在影片最后一场林祥谦就义的高潮戏中的表演却赋予人物特有的光彩——她跌跌撞撞地奔跑到刑场，跌倒在林祥谦的脚下，

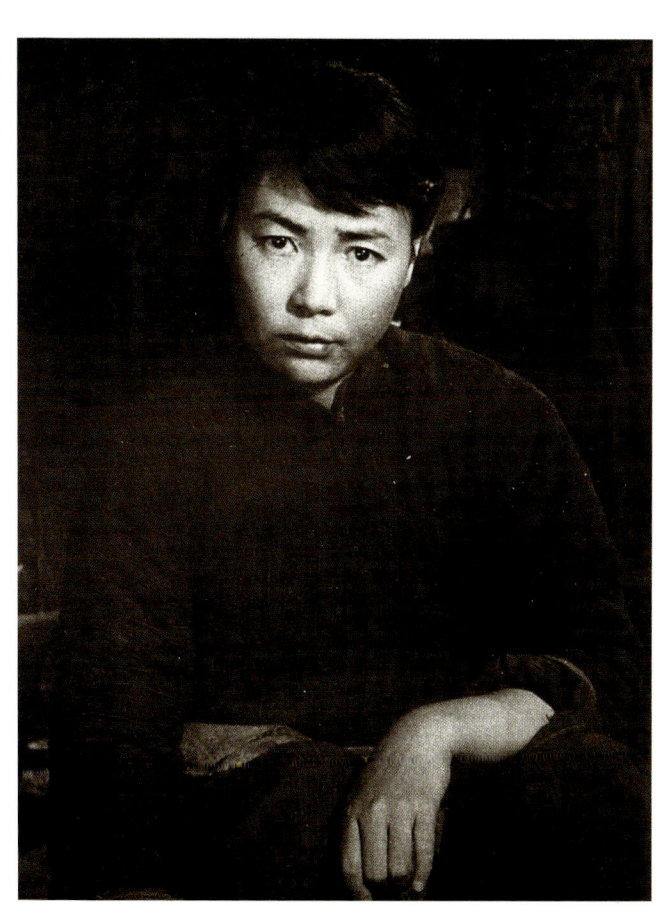

田华在影片《风暴》中饰演林祥谦妻子陈桂贞

根据梁信同名长篇小说改编

编剧：梁信	导演：王冰	陆军顾问：郭建文、鲁湘云	海军顾问：刘世湘、程发侃
摄影：陈俊	作曲：冷滨	录音：李林	美工：姜振奎　特技设计：龚枚
特技摄影：谢祀宗	剪接：陈国强	副导演：苏凡	副摄影：朱鹿童　助理导演：赵松
剧务主任：王国梁、成立业		制片主任：杨庆卫	指挥：韩中杰　演奏：中央乐团

演员：

肖汀——李长华	金小妹——田华	丁司令——冯一夫	金大爷——石存玉
二班长——李廷秀	指导员——李百万	小洪——张大利	二公——苏友邻
敌上将——文友	敌舰长——安冉	敌副舰长——梁文	

解放海南岛：《碧海丹心》

影片《风暴》拍摄完成后，田华于1960年的10月16日正式调入八一电影制片厂，接拍了八一厂投拍的军事题材故事片《碧海丹心》。

影片《碧海丹心》由编写《红色娘子军》的著名军旅剧作家梁信担任编剧、王冰导演，主要描写解放海南岛"木船打军舰"的战斗故事。故事发生在1950年春，人民解放军解放雷州半岛，第四野战军第15兵团追击国民党军队至雷州半岛最南端海边时，正准备逃往海南岛的国民党"泰华"号军舰，为防止解放军渡海，立即开炮，将停泊在海岸的渔船全部炸毁。由于船只大多被国民党军队炸毁，人民解放军解放海南岛的脚步只能暂时止步于琼州海峡北岸。因雷州半岛刚刚解放，老百姓对人民解放军还不十分了解，找船遇到了极大困难。"钢铁第一连"连长肖汀向房东金大爷了解船只线索，遭到冷遇。金大爷的女儿金小妹则对爹爹的态度非常不满，埋怨爹爹对不起待老百姓亲如一家的解放军。肖汀在村寨外意外地发现了五条渔船，经过一番周折，解放军秋毫无犯帮助群众劳动的举动终于感动了渔民们，金大爷和几位老人郑重地把隐藏的十二条船全部捐献给了解放军。随后，一连开始了海上作战的适应性训练。肖汀带领一排分乘三条船顺利地完成了训练，开始返航，但发信号的战士却忘记通知2号船，待肖汀发现后，已与2号船失去联系。2号船因为没有接到返航命令，仍在苦苦寻找另外两条船。肖汀命令3号船立即返航，自己带1号船回去寻找2号船。2号船突然与国民党"泰

田华在影片《碧海丹心》中饰演的金小妹人物造型画像

金小妹人物画像

在电影《碧海丹心》海南岛外景地体验生活时，田华与当地渔家女在一起

田华拍摄电影《碧海丹心》时在海南岛外景地体验生活留影

华"号军舰遭遇，并遭到炮击，形势严峻。肖汀发现敌情，立即向敌舰开火，将敌人吸引过来。"泰华"号逼近1号船，舰长逼迫解放军投降，并将缆绳抛过来要将1号船拖走。肖汀令战士们悄悄准备手榴弹，待靠近敌舰时突然攻击。敌舰将1号船拖至只有十几米时，肖汀一声令下，手榴弹像雨点般飞上敌舰甲板。敌人猝不及防，被炸得血肉横飞，乱成一团。因距离太近，舰上的大炮完全失去作用，舰长艾德华慌忙下令砍断缆绳，全速逃跑。1号船返航后，肖汀向司令员报告战果时情绪低落。司令员却很高兴，他觉得不只是战士们炸死几十个敌人，关键是用小木船竟然打跑了上千吨的大军舰，这次战斗经验对渡海作战非常有价值。兵团决定以一连为试点，进行渡海作战训练，为大部队渡海作战探索训练方法和战法。肖汀在与"泰华"舰战斗中身负重伤，被送进医院治疗。肖汀住院期间，司令员发现了肖汀的笔记本，对他给木船安装汽车发动机和在船上安装火炮的方案非常感兴趣。

兵团司令部组织两支先遣部队偷渡琼州海峡成功，并与琼崖纵队会合后，发起了海南岛战役，琼州海峡千帆竞渡，百舸争流。"钢铁第一连"为兵团司令部护航，战斗打响，肖汀带领的1号船被敌人炮火击中，损失惨重。敌舰队偷偷向渡海大军的后卫船队迂回，企图抄解放军后路。司令员命令肖汀立即截住敌人的旗舰"泰华"号，打乱敌舰队的指挥部署。肖汀面对战炮落水，炮弹用尽的情况，毅然将全船的炸药集中在一起，然后下令，除自己和二班长留下外，

其他人立即离船。金小妹一直在船上勇敢顽强地参加战斗。肖汀和二班长驾船在夜色和薄雾的掩护下，迂回到敌舰后侧，悄悄靠近"泰华"号。随着几声巨响，"泰华"号遭到重创，舰长当场毙命，敌舰队的指挥系统彻底瘫痪。二班长壮烈牺牲，肖汀跳水泅渡归队。经过十几天的战斗，红旗终于在天涯海角升起，饱受国民党反动派蹂躏的海南岛三百万人民，终于获得解放。美丽的南海绿宝石海南岛，终于回到了人民的怀抱。

作为擅长拍摄军事战斗故事片的八一厂，此片继承和发挥了以往的绝对优势。李长华担任主演，田华在其中扮演了渔家女金小妹。她饰演的渔家女以富有喜剧色彩的人物性格出场亮相，又完全有别于过去饰演的各类不同角色，给人以清风拂面的观赏效果。

田华与李长华在影片《碧海丹心》外景地广东湛江

田华与李长华在影片《碧海丹心》中与敌舰相遇的镜头

《碧海丹心》人物定装照、刊登在当年的《大众电影》杂志封面上

《碧海丹心》长篇小说封面   《碧海丹心》电影文学剧本封面

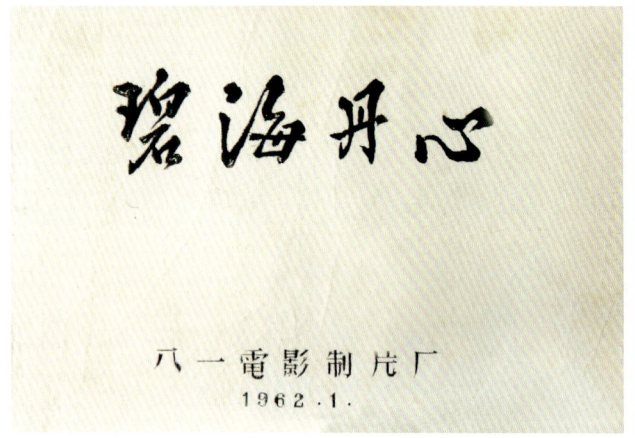

《碧海丹心》电影分镜头本

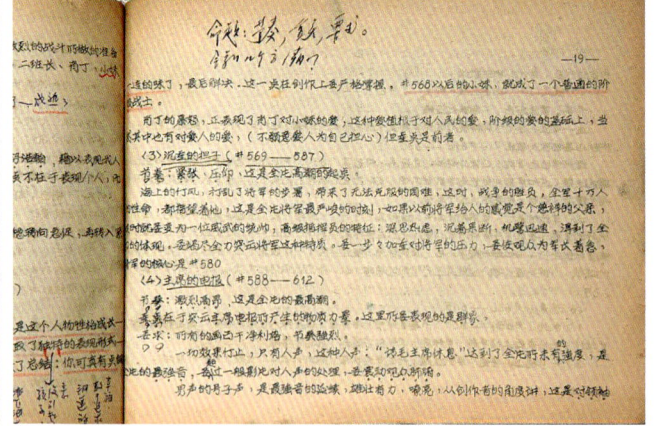

《碧海丹心》导演拍摄本

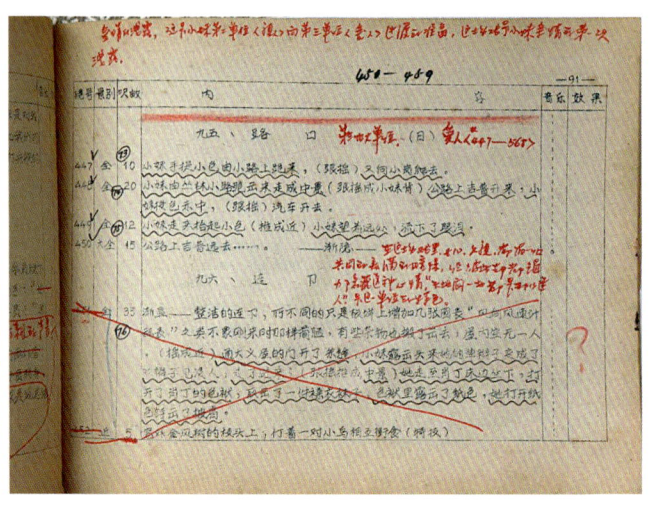

1990年在田华从事革命文艺工作五十周年座谈会上的发言

原总政治部副主任 郭林祥

田华同志是我党我军培养出来的优秀的文艺工作者。在长达半个多世纪的革命活动中，她演出过许多优秀节目，塑造了许多革命英雄人物形象，用革命的文艺教育人民，鼓舞人民，为中华人民共和国的成立，为社会主义革命和建设都做出了贡献。田华同志在军内外，国内外都有较好较大的影响。

田华同志十二岁就参加了革命，一直从事文艺工作。她始终听党的话，走革命的路，有坚强的革命信念，对共产主义事业忠心耿耿。她始终坚持毛主席制定的革命文艺路线，坚持文艺为无产阶级服务的正确方向，用文艺歌颂我们的党，歌颂伟大的祖国，歌颂社会主义。五十年的革命道路虽然曲折复杂，但田华同志所坚持的文艺路线始终是正确的，她的文艺旗帜也是鲜明的。

田华同志在艺术上有很深的造诣。她虚心学习，勤于钻研，不怕艰苦，深入实际生活，对艺术精益求精。不少同志说：田华同志演兵像兵，演民像民。

我们文艺战线的同志，特别是青年文艺工作者，要向田华同志学习，学习她为社会主义革命和建设努力奋斗的精神；学习她对党，对祖国，对共产主义事业坚强的革命信念；学习她精深的表演艺术。也希望田华同志把好传统、好思想、好作风和表演艺术传给年轻的同志，把军队文艺工作推向前进。

原作：李亚如、汪鸿、汪复昌、谈暄　　改编：王鸿、丁毅　　导演：王少岩　　摄影：陈瑞俊
副导演：魏龙　　　　　　　　　　　　副摄影：殷桥芳　　美工：郑拓　　　作曲：张锐、俞平
录音：何宝锭　　　　　　　　　　　　剪辑：杨森　　　　特技设计：张岱　　特技摄影：王公馥
制片主任：邓芳　　　　　　　　　　　男声独唱：吕文科　　女声独唱：郭笑美　二胡独奏：张锐
指挥：冯光涛
演员：
何文进——李　炎　胡素芳——田　华　陈广清——高加林　陈有才——刘　磊　陈景宜——刘季云
兰菜花——胡敏英　陈广西——杨成轩　陈广玉——李辉健　春　梅——石　燕　严德林——石存玉
才　妻——关淑贞　陈大富——言小朋　惠　嫂——朱一之　桂　生——洪万生

《夺印》：一场特殊的斗争

1963年，根据扬州地区演出的扬剧《夺印》改编的同名电影《夺印》上马拍摄。

出访国外刚回来的田华风尘仆仆地赶到外景地，在影片中出演团支部书记胡素芳。

影片《夺印》根据李亚如、王鸿、汪复昌、谈暄的同名扬剧改编，由王鸿和丁毅编剧。故事发生在1960年春天苏北里下河地区某人民公社小陈庄生产大队，讲述一场生产大队的领导权——印把子的"夺印"斗争，实则警示和告诫人们不忘阶级斗争的政治主题。田华扮演的先进农村青年胡素芳有一场重场戏，就是在粮仓里因一个被坏人偷去绣着她名字的粮食袋遭受诬陷而一时百嘴难辩。现场表演中，她依靠扎实的功底和对角色的深刻理解，把人物从惊愕到凭空受屈，再到愤怒地据理力争的层次递进演出得极其到位。

田华、李辉健、高加林、杨成轩等人在影片《夺印》中

田华与胡敏英、李辉建在影片《夺印》中

田华与李炎在影片《夺印》中

《夺印》里的胡素芳是田华继《花好月圆》和《江山多娇》之后第三次扮演农村女青年，胡素芳完全不同于《花好月圆》中山西太行山区的范灵芝，更不同于《江山多娇》里河南中原山区的岳仙，她是一个生活在江南地域的先进共青团员。田华很好地把握了胡素芳的性格特征，完成了角色创作。

田华在影片《夺印》中饰演的共青团员胡素芳在荡里揽泥

影片《夺印》中"晨曦鸣钟，警钟长鸣"的镜头

田华与石存玉、李辉健在拍摄电影《夺印》江苏高邮外景地时，与当地农民在一起体验生活

田华与石燕在电影《夺印》外景地江苏高邮与当地老百姓在一起

白求恩大夫

根据周而复同名长篇小说改编

编剧：张骏祥、赵拓	总导演：张骏祥	导演：李舒田、高正	总摄影：吴印咸
摄影：马林发、寇纪文	作曲：吕其明	剪辑：朱朝升	美术：韩尚义
造型设计：乐羽侯	制片主任：徐进	录音：吴江海	照明：王多根
指挥：姚笛	演奏：中央乐团		

演员：

白求恩——谭宁邦	方兆元——村 里	童秘书——英若诚	于部长——邢吉田	司令员——吴 雪
徐连长——杨在葆	孟奶奶——陈立中	冯军医——田 华	小 邵——何立己	贾护士——师 伟
炊事员——仲星火	儿童团员——姜 昆	凌军医——梁波罗		

客串《白求恩大夫》演活了冯军医

1964年，田华应导演张骏祥之邀，在由他担任总导演的影片《白求恩大夫》中友情客串了冯军医一角。影片根据著名作家周而复的同名小说改编，以纪实性的艺术手法再现了伟大的国际主义战士白求恩短暂而光辉的一生。这部由八一电影制片厂和上海海燕电影制片厂联合拍摄的影片，特别邀请当时在宋庆龄儿童福利基金会工作队的美籍友人谭宁邦领衔主演，两厂合作投入了极其强大的主创阵容。

田华扮演的冯军医，在整部影片中总共只有三场戏。影片的后半部，白求恩与童秘书乔装趁着夜色，来到距离敌寇很近的大王庄，一个隐蔽在地下的我军看护伤员的地方。田华扮演的冯军医听到开门的信号时，小心打开了一条门缝，这是冯军医的首次亮相。她那悄然开门巡视时的沉着老练、不动声色，把一个敌占区有着丰富对敌斗争经验的人物形象塑造得栩栩如生。著名剧作家黄宗江为此赞叹不已："田华扮演的老冯，一个眼神、一个动作，没有任何言语，但一看就是一个很有生活气息的人物出场。"张骏祥也由衷地赞叹道："田华饰演的这个角色，是一场戏演活了一个人物。"

田华饰演的冯军医，除了开门亮相和领着白求恩来到地下室检查伤员救护情况的这场戏之外，接下来就是冯军医送别白求恩在夜色笼罩的村路上行走时两个人的对话，冯军医的身世通过简短的话语和她面部的情绪反应，让白求恩和观众顿时明白了这一人物的来龙去脉。冯军医的最后一次露面是在模范医院的表彰会上，她身穿八路军军装手执献礼的锦旗，与白求恩再次会面。巧合的是，当年白求恩不幸感染病菌去世的地方，正是田华的出生地河北唐县。

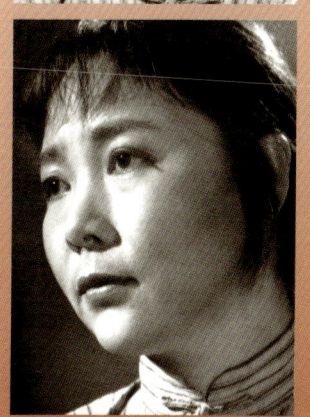

田华在影片《白求恩大夫》中饰演冯军医的试妆照（吴印咸 摄）

当年，田华参加影片《白求恩大夫》拍摄客串冯军医之时，还在八一厂排演的话剧《保卫和平》中扮演金春香，并在八一厂演员剧团演出的话剧《霓虹灯下的哨兵》中扮演春妮，得到了部队官兵的普遍好评，还受到了敬爱的周恩来总理等党和国家领导人的亲切接见。

田华在影片《白求恩大夫》中饰演冯军医

田华与谭宁邦（饰演白求恩）、英若诚（饰演童秘书）在影片《白求恩大夫》中

田华在出演八一厂演员剧团话剧《霓虹灯下的哨兵》演出时期军装照

1963年，田华和李炎、于纯棉等八一厂演员演出话剧《霓虹灯下的哨兵》，受到敬爱的周恩来总理亲切接见

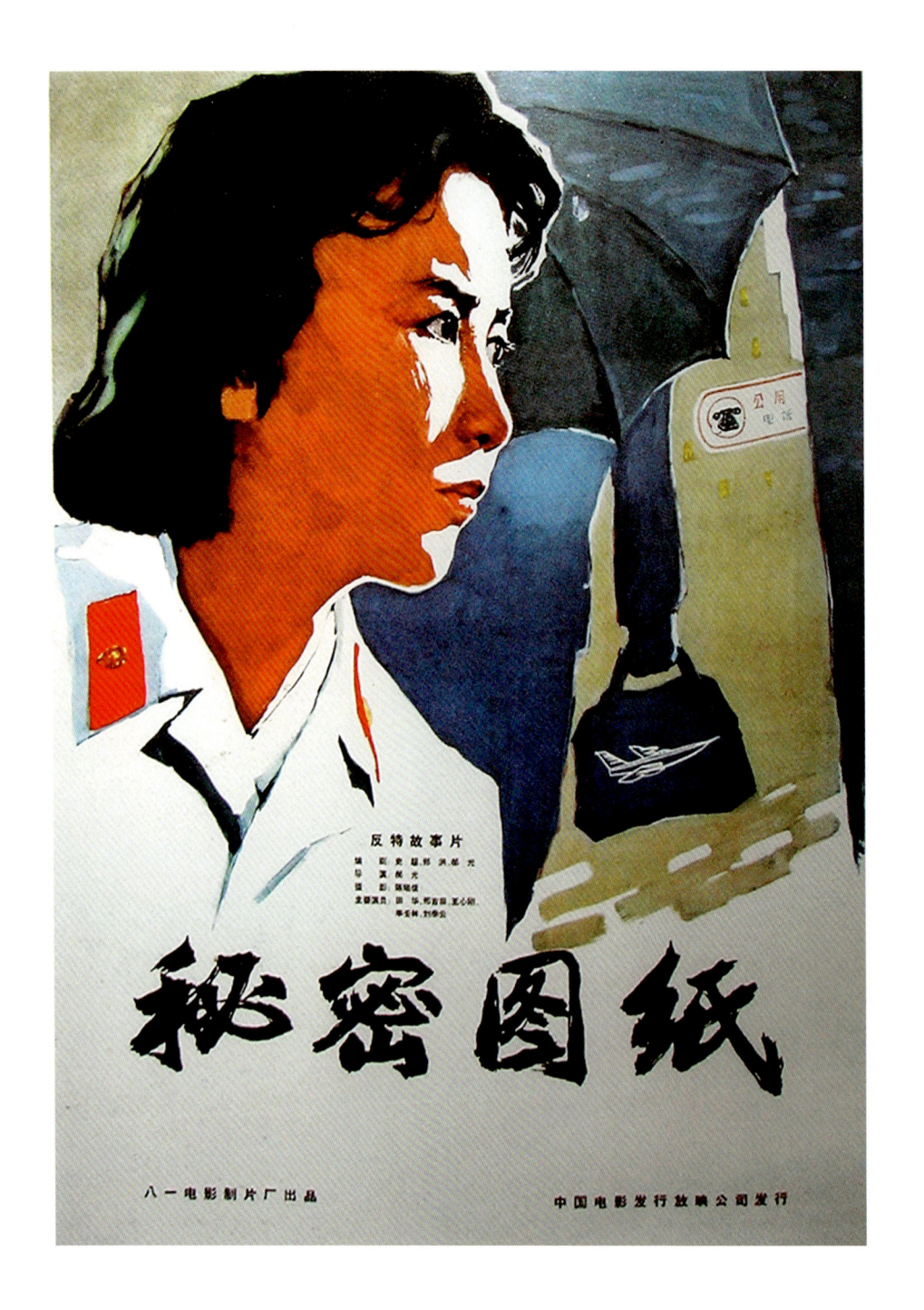

编剧：史超、郑洪、郝光　　导演：郝光　　摄影：陈瑞俊　　摄影助理：黄夫翔
美工：郑拓　　　　　　　　作曲：李一丁　　副导演：任鹏远　　录音：侯申康
指挥：韩中杰　　　　　　　演奏：中央乐团
演员：

石云——田　华　　丁局长——邢吉田　陈　亮——王心刚　古仲儒——刘季云
叶长谦——李壬林　方　丽——师　伟　小　崔——王　毅　陆文惠——钱树榕
李　化——李　力　金大夫——张　瑝　周　明——李辉健　瞎老头——石存玉
周　妻——张　帆　三轮工人——桐成轩　保　姆——朱毅之　阿　龙——王心鉴
小　穗——毅　鸣　薇　薇——倪丽文　所　长——唐克
车站搬运工——李长华、李廷秀

意外得到的《秘密图纸》

1965年八一电影制片厂拍摄了反特故事片《秘密图纸》，田华在片中出演公安女侦察员石云。本来这部影片的导演郝光认为田华的眼光不够犀利，就借用了大连话剧团的一位女演员，但几经周折，最终还是落到了田华的身上，真可谓意外得到的主演机会。

根据角色的要求，田华在广州拍摄外景的时候，临时学习驾驶技术，结果差点把伏尔加车开翻，让剧组虚惊一场。

影片《秘密图纸》讲述了科学工作者李化思想麻痹，随身携带的装有国防机密图纸的公文包在火车站被敌特窃取。广州市公安局女侦察员石云接受侦破任务后经多方调查，得知了李化丢失图纸的前后经过。就在石云苦思冥想分析情况时，忽然传来消息，公文包找到了。原来老中医古仲儒和他的学生金大夫，在前往陆文慧大姐家去看病的途中，意外拾到一个包，正是李化丢的那个公文包。石云的丈夫陈亮是广州军区边境保卫部的一名参谋，根据领导指示，他结识了一个可疑的音乐工作者方丽，开始暗中摸底。虽然公文

田华在影片《秘密图纸》中饰演女主角石云的试妆照

影片《秘密图纸》海报

田华在影片《秘密图纸》中饰演女主角公安侦察员石云

包找到,但并不意味着案件的结束。石云根据被陌生人试图加害的三轮车工人所提供的线索,以派出所人员的身份,到身为西餐厨师的叶长谦家进行了观察,并机智地套出了他口吃的特点,根据许多迹象,证实叶长谦就是犯案人。次日下午,叶长谦准备与方丽在东山酒家门口接头时,却被在人群中露面的古仲儒师生发现,被当场扭送公安局。在审讯中,叶长谦百般抵赖,还企图毁掉拍有秘密图纸的胶卷,结果被石云机警地识破。到此,盗窃秘密图纸案件告一段落。这时,陈亮来电话说方丽又有新的活动,石云预感案件并未最终破获,断定方丽的背后一定还有人指使她继续作案,经过一番抽丝剥茧地细致分析和推理,断定案件背后的操纵者,就是拾到公文包和揭发作案人的古仲儒。于是,立即进行了周密的布置。此时,方丽对陈亮倍加殷勤,而且借口姐姐病危,要陈亮越过禁区连夜送她到深圳,并说途中代请治病的老大夫一同前往,行至中途,伪装老大夫的古仲儒企图甩掉陈干事,伙同方丽一起趁夜偷渡潜逃。这时,石云带领公安人员和民兵早已布下天罗地网在此拦截,老奸巨猾的古仲儒见阴谋败露,孤注一掷,企图趁机毁掉证据,机警的石云当即从古仲儒鞋帮里搜出拍有秘密图纸的另一个胶卷,敌特的阴谋遭到了彻底的失败。

作为反特片固有的类型风格,《秘密图纸》以其案中套案的发展演变,讲述了一个惊险故事。田华在影片中以精湛的演技刻画了一位不同于她以往扮演的农村女性形象,出现在观众面前的是既睿智又干练的公安女侦查员,为她的艺术之路又谱写了新的篇章。

田华在影片《秘密图纸》拍摄现场，导演郝光在说戏，摄影师陈瑞俊、摄影助理黄夫翔在拍摄

影片《秘密图纸》剧照

1980年夏，儿子杨雪虹摄

法庭内外

彩色故事片

编剧：宋曰勋、陈敦德	导演：从连文、陆小雅	摄影：冯世林	美术：吴绪金
作曲：王酩	录音：华耀祖	剪辑：李玲	责任编辑：郑锦涛
化妆：姚玉宝	照明：王多根、王贤福	置景：傅必勤	服装：帅英蓉
道具：杨本融、夏明全	制片主任：梁平	指挥：李德伦	演奏：中央乐团

演员：

尚勤——田华　夏宜驰——周楚　柳茹濂——林默予　夏欢——陈佩斯　唐小素——黄月美
宗南——李世玺　老金——凌云　林秘书——史久峰　许大怀——赵万德　小甘——罗莎
姜燕燕——刘旭凌　姜母——李慧颖　张志明——夏峰　四姨——李铧　老赵——高惠明
尚勤丈夫——韩韬　女教师——王若荔　区审判员——陈铮

《法庭内外》主演 铁面无私女法官

"文化大革命"10年，由于众所周知的原因，田华没有拍过一部作品。粉碎"四人帮"后，她和所有的艺术家迎来了文艺的春天。她接受了峨眉电影制片厂的邀请，主演了电影《法庭内外》。

《法庭内外》的原剧本为《法官的心》，在从剧本到影片的拍摄过程中也是一波三折。最初许多电影厂纷纷看好这一涉及法律教育的新颖题材，但是有许多人对影片中塑造的老干部夏宜驰将触犯法律的儿子大义灭亲这一情节的设置是颇有顾虑。"文化大革命"的阴影使得一些电影厂退缩了。剧本转来转去，始终没有着落。最后还是远在四川成都的峨眉电影制片厂接下了这部作品。

田华为拍摄电影《法庭内外》所作案头资料（该片1981年荣获政府奖）

我演女法官

田 华

影片拍摄前，我读了剧本《法庭内外》，剧中的人物深深地吸引着我，触动着我，我一口气把它读完了。最使我激动的地方是尚勤接到为她丈夫平反的电话："你丈夫被平反了。"顿时我的思绪万千，各种各样的复杂心情都涌上了心头。其中，我感受最深的是一个国家如果没有法制，公民的基本权利无法保障，而违法者却可逍遥法外，其后果是很难设想的。近年来，人们对某些领导干部利用职权使其犯法的子女亲属逃脱法律的制裁，群众是深恶痛绝的。因此，我意识到了扮演法官尚勤这一人物的严肃性和重要的现实意义。

《法庭内外》这部影片是说明在法律面前人人平等，谁要是犯了法，不论他的职位高低都要受到法律的制裁。影片歌颂了以尚勤为代表的"真善美"，揭露了以柳茹濂为首的"假恶丑"。

为了把这位女法官塑造成一个内心世界极其丰富，充满感情的活生生的人，我抓住"严肃、深刻中充满着激情"这个总调子来表现尚勤这个人物。在表演分寸上和戏的处理上要在"情与法""法与情"上做文章、下功夫。要把"情"展示得细致：把"法"表现得充分。就是说这一人物既是执法如山的，又是有人情味的。这就是我塑造尚勤这个人物的指导思想。

在实践过程中，通过技术掌握和演员之间的互相交流，经常激起我一种控制不住，但又要极力控制的复杂感情。比如，柳茹濂到尚勤家求情一场戏，每当我说到："柳大姐，我对夏主任是非常敬重的，当我知道小欢也犯了罪，我感到很痛心，也想了很多……"时，我的泪，一下子就涌出来了，声音也哽咽起来，但是，我马上又觉得这样不好，如果案犯不是小欢，作为执法者的审判长会不会这样激动呢？这种内心活动是尚勤的，似乎又是我本人的。尚勤的人情味的表达应该是有分寸的。

又如"我"(尚勤)和儿子的一场戏。当"我"说到"前几年那种苦日子你还能过吗""你舍得小甘吗"时,瞬间,十年的浩劫,与儿子相依为命的生活,一齐涌上了"我"的心头——丈夫因为坚持真理,说了几句公道话,而被残酷地迫害致死,"我"和儿子作为"反革命家属"被遣送到了"五七"干校劳动,为了赎回我们的"罪过",没白天没晚上地干着力所不及的重体力活,还美其名曰"在风口浪尖上脱胎换骨的改造"。就这样,在"文化大革命"中"我"带着小儿子整整熬过了十个年头呀!这一切苦难的日子,会不会重演呢?!制法不容易,执法可更难哪!"我"激动了,生活使"我"深深体会到:要做个正直的法官,要做个"以事实为根据,以法律为准绳"的现代包公,就要担风险!因此,在情与法的复杂心情中,"我"说出了:"我没有别的选择!也不能有别的选择!"

又如,夏主任夜访尚勤办公室的一场戏,这是情与法之间的"矛盾"更加集中体现的一场戏,从与导演、演员研究剧本到技术掌握及实拍,我几乎都是在一种高度的激情中度过的,这种心情,一直延续到影片的结尾——尚勤在台上,柳茹濂在台下的感情交流的戏,直到影片在钟声中结束,这也就是我们想表现的时代的法和时代的情。

(该文发表于影片《法庭内外》上映之后)

田华与陈佩斯在影片《法庭内外》中 　　　　田华与周楚在影片《法庭内外》中

田华在颁奖大会上发言

田华与影片《法庭内外》摄影冯世林、导演陆小雅、导演从连文、摄影冯世林、峨影厂厂长杜天文及制片主任梁平在影片获得政府奖优秀影片时合影留念

田华和电影《法庭内外》的导演从连文（左一）、编剧陈敦德、宋曰勋等人在影片获得国家政府奖优秀影片时合影留念

1990年在田华从事革命文艺工作五十周年座谈会上的发言

原总政治部文化部副部长 朱力

田华同志是部队中成长起来的杰出的表演艺术家，是深受广大指战员喜爱和广大人民群众欢迎称赞的优秀的革命文艺工作者。多年来在党的培养下和同志们的帮助下，不论在艰苦的战争年代，还是在和平建设时期，乃至在国家动荡时期的十年浩劫中，她都坚定地战斗在革命文艺最前线。她对革命事业有坚定的信念、坚强的党性，对人民和军队有深厚的感情，她勤奋好学，在艺术上有点执着的追求，在艺术上从而取得了卓越的成就，对革命文艺事业，特别对部队的文艺事业，做出了不可磨灭的贡献。也可以说田华同志把一生中最美好的五十年全部奉献给了亲爱的党、人民、军队和祖国。

在当前新的形势下，广大指战员和人民群众迫切需要健康的、丰富的精神生活，需要更多的反映时代精神、思想性和艺术性高度结合的、能给人以启迪的优秀艺术作品，包括电影、戏剧、文学、舞蹈、美术。更需要有像田华同志那样热爱党、热爱人民、热爱军队、热爱祖国的艺术家。

田华同志成长的道路，也是我们部队许许多多老文艺工作者所经历、所走过的光辉道路，正是以田华同志为代表的这一大批老革命文艺工作者，为中国人民解放事业和社会主义建设事业所做出了突出而重要的贡献。

我们部队一批又一批青年文艺工作者成长起来了，我希望大家都能向田华同志和老一辈革命文艺工作者学习，把光荣的革命传统接过来传下去，也希望田华同志为革命文艺事业继续做出贡献，永葆艺术青春。

田华在20世纪60年代中期

在田华从事革命文艺工作五十周年座谈会上的讲话摘要

原电影局局长，重大题材领导小组组长 丁峤

我和田华同志认识很久，但是没有在一起工作过，我最初是看《白毛女》从银幕上认识她的，当时我是作为南京第三野战军政治部文工团的一个副团长进驻上海，开始我就接触很多上海的艺术家赵丹、白杨、蓝马等等，然后就看了他们的一些电影，看了以后对我们部队文艺工作者很大的震动，觉得我们也是十年，在部队是付出了青春，付出了艰辛，但是觉得通往艺术的殿堂好像稍微遥远一点，觉得新中国成立以后需要做很多的努力来向艺术殿堂去奔去。过了不多久，就看了田华主演的电影《白毛女》，我最直接的感受就是她非常的纯朴，非常真切，好像观众能够看到她的感情的流淌。这又给我一个新的撞击，我觉得艺术殿堂，对我们解放军文艺工作者并不遥远。当时有这样一个感受。

后来在田华同志主演的《党的女儿》《法庭内外》也依然感觉到了。就是说，他们不同之点只是后者比

田华在广播电台朗诵诗歌

田华与人大代表"子弟兵的母亲"戎冠秀合影

田华与人大代表女英雄刘胡兰的母亲胡文秀合影

前者更加完善了，更加成熟了，更加形成她的艺术风格了，这一点给我一个非常强烈的印象。

此外，田华同志的创作给人感觉到一种泥土的芳香，她与人民有着密切的联系，与解放军有着非常密切的联系，与我们的共和国有着非常密切的联系，与我们的党有着非常密切的联系，我觉得她是这样一个艺术家。我也有一二事例可说，一是观看电影《法庭内外》，田华扮演的法官围绕着一宗老战友独生子的杀人案，面对着极其复杂交织缠绕在一起的人际关系网，面对着与之相互关联各自不同的人，她所运用的眼神是非常独到的，有犀利的，有同情的，甚至有畏缩的，但最终的法大于天，使其排除错综复杂的曲折，以一颗法官正直的心灵，威慑于众，将此案公正处理。田华同志塑造的女法官形象地昭示出"有法不依，等于无法"的明哲决断。另外，我曾经看过八一厂演员剧团到老山前线去慰问，拍了一个电视，其中有一个镜头对我有特别强烈的撞击，就是田华在前线给前沿的战士们，给猫儿洞的战士打电话，她那种感情，不是演员所要表演的，是出自内心地流淌着眼泪，感情的表达与自然的传递与流露。所以，我觉得她说与人民是有深刻的联系的，田华同志与人民、与土地有着非常深厚的感情，还有一个是爱国之心，爱我们的祖国，爱我们的土地，爱我们的人民。

由此，使我就想到居里夫人曾经讲过，"科学是没有国界的，科学家是有祖国的"。我套用这句话说，艺术也许是没有国界的，但艺术家是有祖国的。所以，在她的半个多世纪当中，我觉得在她身上体现了爱国主义，体现了与人民的结合，体现了顽强的拼搏精神。我想人总是要老的，谁也回避不了，这是唯一的一条必由之路。但是，心是可以不老的，所以，只要心不老，青春就将永远常在！我愿意与田华同志共勉！

田华与沈阳军区抗战话剧团演员们，通过文艺表演形式，到街头宣传"总路线"方针政策，田华表演诗朗诵

从红花到绿叶

在表演生涯中，没有主角配角之分，也没有大演员小角色之别

《奴隶的女儿》（1978年）

田华（饰演军医曾植华）与潘虹在影片《奴隶的女儿》中

《猎字99号》

田华（饰演党委书记张惠）与陈惠良、张力维、傅秦增等人在影片《猎字99号》中

田华与洪学敏在影片《猎字99号》中

田华与陈惠良、洪学敏在影片《猎字99号》中

《峥嵘岁月》（1978年）

田华（饰演医生骆霞）与张辉在影片《峥嵘岁月》拍摄现场

田华与张辉在影片《峥嵘岁月》中

田华与张辉、顾永菲、凌元在影片《峥嵘岁月》中

田华（二排左二）与电影《峥嵘岁月》摄制组全体人员合影留念

《许茂和他的女儿们》（1981年）

田华（饰工作组组长颜少春）与赵娜、斯琴高娃、周虹、贾六等人在影片《许茂和他的女儿们》（八一厂版）中

田华与冯恩鹤、周村里、汪粤等人在影片《许茂和他的女儿们》（八一厂版）中

田华与电影《许茂和他的女儿们》主要演员贾六、周村里等人合影

田华与王馥荔在影片《许茂和他的女儿们》（八一厂版）中

《路漫漫》（话剧，1981年）

根据周克芹长篇小说《许茂和他女儿们》改编

田华在四川拍摄影片《许茂和他的女儿们》时，应当地内江文工团之邀，在根据同名小说改编的话剧《路漫漫》中，仍然出演与电影中的同一个角色——工作组组长颜少春，在演出后向观众谢幕

《通天塔》（1985年）

田华（饰演郑瑛）与村里在反映两弹一星的影片《通天塔》中饰演夫妇

《党小组长》（1986年）

田华（饰局长夫人）与里坡、祝新运等人在影片《党小组长》中

田华与祝新运在影片《党小组长》中饰演母子

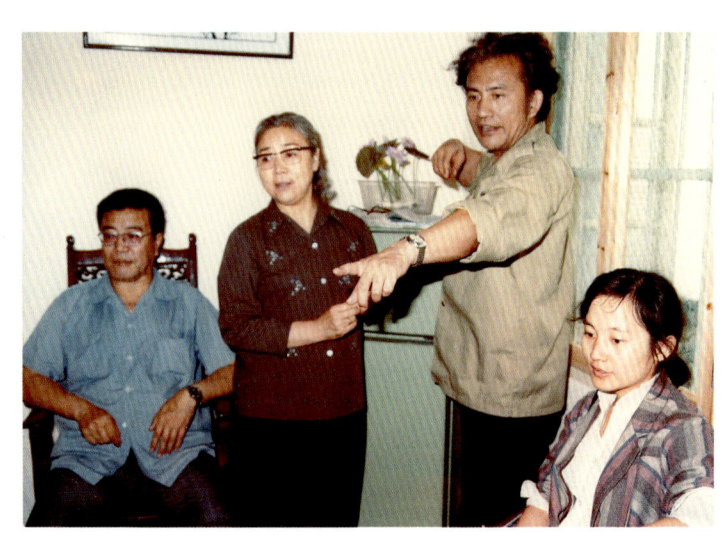

田华和里坡、杨在葆、陈丽明在影片《党小组长》中

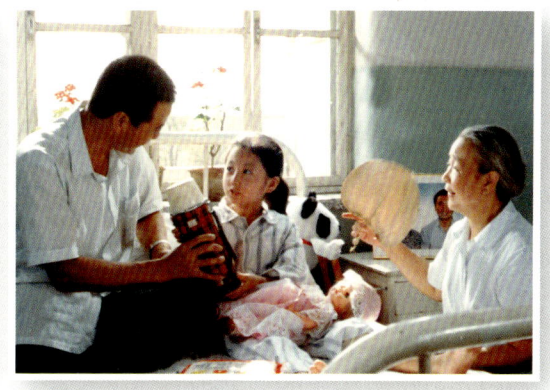

《决策》（1986年）

田华（饰演市长母亲）与鲍国安（饰演市长）等人在影片《决策》中

影片《决策》中的祖孙三代在天津海河公园拍摄最后一个镜头

《决策》摄制组停机留念

《小铃铛》（续集）（1986年）

田华（饰演院长夫人）与王澍在影片《小铃铛》（续集）（谢添导演）中

《柳菲的遗书》（1988年）

田华（饰柳菲的母亲）在影片《柳菲的遗书》中，与殷新、赵虹娜、张云明、刘艺等人在机场

《母亲与遗像》（电视剧）（1983年）

田华出演第一部电视剧，《母亲与遗像》饰演母亲

《卢沟桥畔》（电视剧）（1986 年）

田华（饰演爱国华侨十九路军将领遗孀）拍摄电视剧《卢沟桥畔》间隙，与剧中演员牛翠敏、赵福余等人合影于"卢沟晓月"

《太阳有七种颜色》（电视剧）（1990年）

田华（饰演幼儿园园长）在电视剧《太阳有七种颜色》拍摄现场对台词

《柏油路上的"战争"》（电视剧）

田华在电视剧《柏油路上的"战争"》中饰演副部长夫人

《红地毯》（电视剧）（1988年）

田华与李默然、孙彦军、黄梅莹等电视剧《红地毯》的演员合影

《寻找成龙》（2008年）

田华（饰姥姥）与张一山、张勇手在影片《寻找成龙》中

《西藏班》（2015年）

田华参演的电影《西藏班》海报

《一切如你》（2018年）

影片《一切如你》剧照

《艺校初春》

田华和北京"田华集团"的老总们在一起,感谢他们对田华策划、主演的电视剧《艺校初春》的顺利拍摄给予的鼎力支持

1997年,田华在艺术学校拍摄的电视剧《艺校初春》中的镜头

田华艺术学校拍摄的电视剧《艺校初春》,获得第十一届全军电视剧"金星奖"特别奖

田华在她开办的北京田华艺术学校前留影

1997年，田华策划、主演的电视剧《艺校初春》拍摄现场，与北影的摄影师佐辛会研究镜头

第三编 银幕之外也芬芳

田华同志在电影战线上，塑造了许多使人难忘的艺术形象，为我们电影事业做出了巨大的贡献，是我们著名的、杰出的表演艺术家，她作为一个革命的电影工作者，积极地为电影事业的发展做出自己的贡献。

电影基金会曾经组成一个明星演出慰问团，到济南和齐鲁化工局去进行慰问演出，田华同志就是我们这个演出团的团长，主要是由八一、北影和上海电影制片厂的表演艺术家们参加，多数是老的同志但也有部分中青年同志，这个演出在济南取得了很大的成绩。山东的同志们讲，他们很久没有看到这样的演出了，这个演出是高质量的、高水平的、高风格的，这个演出不是以营利为目的，所以，这次演出在山东的舆论界，报纸上都有反映，这与田华同志所做出的贡献分不开。作为一个团长，她认真负责地进行组织工作。把部队的思想工作也带到那里去，因为中间要加演场次，在这方面也反映出田华同志不只是艺术方面的成就，同时也是她平时作为一个党员文艺工作者那种品质的反映，通过这一点也给我们很好的启发和教育。

（原长春电影制片厂厂长、中国影协副主席、中国电影基金会会长苏云在田华从事革命文艺工作五十周年座谈会上的发言）

与人民同心　与时代同步

　　回首往事，征程漫漫，从艺七十余年，曾经当选新中国"22大电影明星""中华影星""世纪影星"等至高无上荣誉的田华，却一直将自己定位在人民演员的行列，在不断出席社会活动的同时，她也时刻不忘记去参与社会的许多公益事业。

　　在田华的爱心行踪轨迹中，她是北京儿童医院基金会的第一位捐款者，她无私地帮助过一个农民企业，"田华建筑公司"的美名由此而来；她还曾经联合老艺术家捐款筹建希望小学，支持贫困山村的孩子完成他们的学业……"还艺于民"，也正是田华常挂嘴边的座右铭。但田华决不接拍一个商业广告，她曾经公开地真诚表白："晚年要有晚年的风采。"

　　在这值得写上一笔，步入晚年的田华，曾经创办以她的名字命名的艺术学校，开办了十余年。由于办校有方，师资力量雄厚，在全国关心下一代工作委员会和北京市教委的支持下，取得了突出的教学成就，深受社会各界和学生家长的普遍赞誉。一批批立志要做"田华式艺术家"的年轻学员从这里毕业后，不少人都走进了演艺界，在许多影视剧中担任了主要角色。如今，田华由于年事已高，再加上2002年"非典"特殊时期遭遇到的特殊情况，她早已将自己辛苦多年开办的学校转让他人，改为"盛基艺术学校"，由富有才华和政治责任感的荆跃校长担负着重任。直到今天，田华还担任名誉校长，依然关注和期待这所自己曾经流下过无数汗水和心血的艺术摇篮，能够在有为之士的手中继续创造新的佳绩。

　　从东海之滨到西部高原，从海南岛到北大荒，从南疆云南老山前线，到北国边界哨卡，在辽阔的神州大地上，留下了田华一串串闪光的足迹。

田华在浙江大学演出谢幕之后，与大学生们握手

1955年，田华被评为全国建设社会主义青年积极分子，与徐建春、黄宝妹、张桂兰等部分代表在政协礼堂门前合影

田华与英雄模范军嫂代表在八一厂参观后亲切交谈

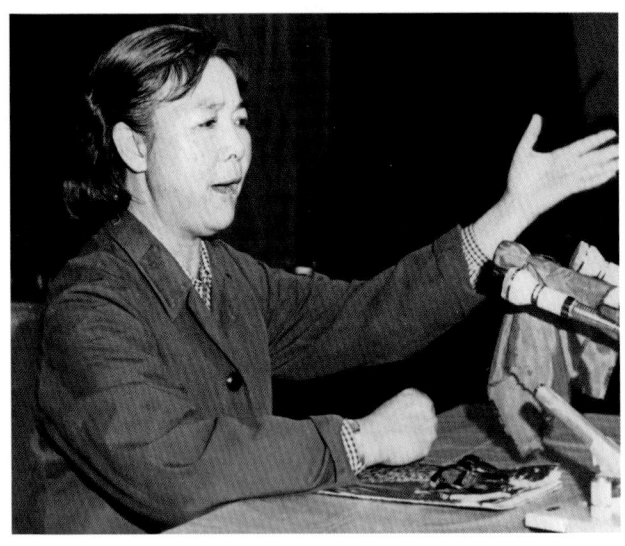

田华为解放军艺术学院戏剧系的学员们授课

田华为老百姓表演节目

解放军艺术学院戏剧系的学员们在聆听田华授课

1982年，田华回到阔别37年的河北省阜平县洼里村，与当地老百姓亲如家人

20世纪90年代中期,田华、苏凡携子女与河北省阜平县洼里村的少年儿童在一起

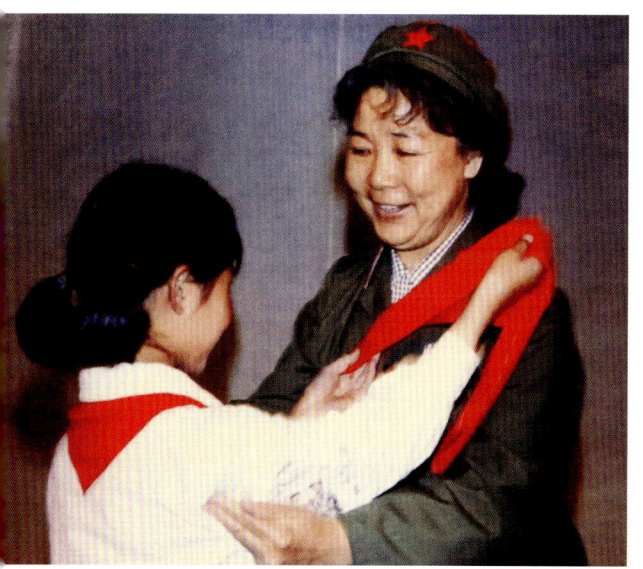

1983年，田华在延安与少先队员们一起过"六一"儿童节

1983年，田华和原空军文化部部长黄河到延安看望边区模范（马忠义 摄）

田华在延安毛泽东旧居前参加"5·23"纪念演出时与当地安塞腰鼓队合影留念

田华在人民大会堂中日文化交流活动中即兴起舞

田华随中国电影家协会赴四川老区送温暖时,与当地喜剧演员同台演出

田华与新疆维吾尔族大娘深情拥抱。大娘激动地说:"我看过你的电影,今天我可见到真人了!"

田华参加在北京举办的汶川地震灾区孩子们的摄影展

校长田华与北京田华艺术学校的学生们在一起欢度节日

田华与孩子们在一起

20世纪90年代中期,田华与夫心下一代工作委员会的工作人员慰问公安狱警时合影留念

1983年，田华与延安摄影师马忠义在一起

田华与顾秀莲（右一）等人参加"地球日"纪念演出活动

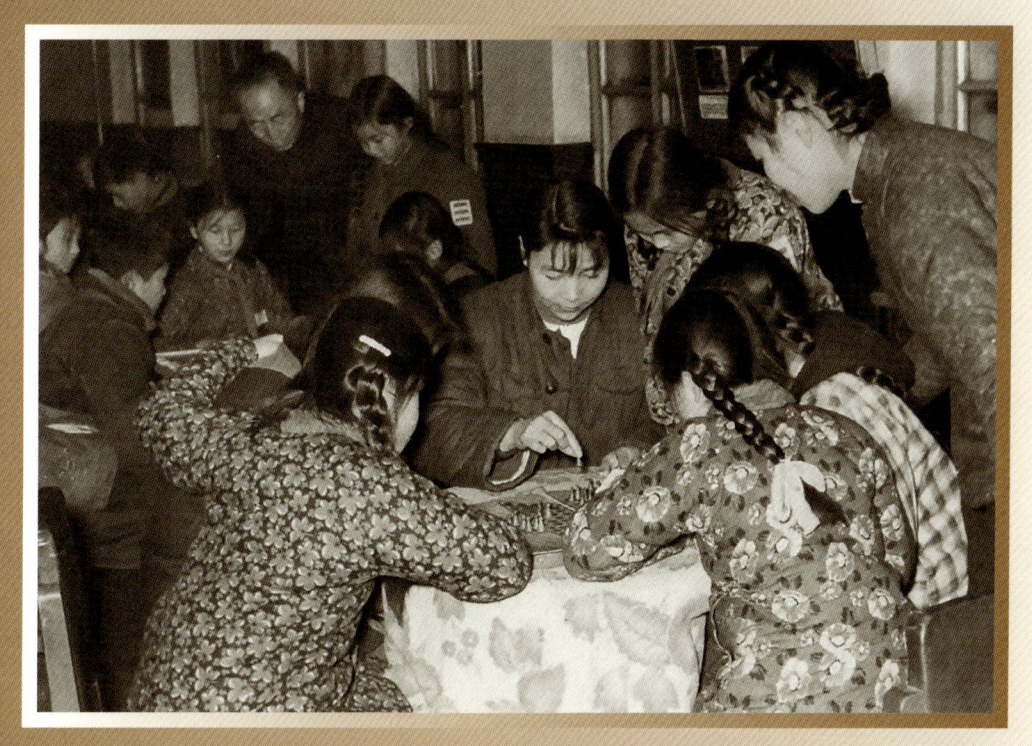

1957年,《花好月圆》拍摄期间,田华与长春少年宫的孩子们在一起

田华与观众朋友促膝交谈

田华与才旦卓玛、胡松华、贾作光、陶玉玲、杨洪基、殷秀梅等人在人民大会堂参加建党九十周年大型文艺晚会《我们的旗帜》演出

田华同志：

我们在青岛这个青春之岛相聚了，虽然不能再一起青春，青春，岁月不饶人，青岛却意在，青春意在。愿您青春常在。

荣高棠 1983年7月12日

田华：

三十年前和妳同去丹麦，今又在黄海之滨朝夕相处。相处越久，越觉得妳是个她内在美的人。不仅是外形，尤其是她的内心美，将永远留在妳心中。

你的同屋
瞿希贤
83.7月于青岛

田华同志：

歌德说："一个天才一生要恢复七次青春"，我记："一个理想主义者减去十岁年龄"。青春源于勇敢的探索者。你给亿万农村青年编织了一个美的梦，你给为农村进步女革命的刻苦和眼泪。同时，则从你的身上发现了一个真正中国妇女人。她使我感到我们的民族更可爱。

李准 1983.8.1 青岛

田华同志
艺术青春永葆

1983年夏7月二十日
李焕希

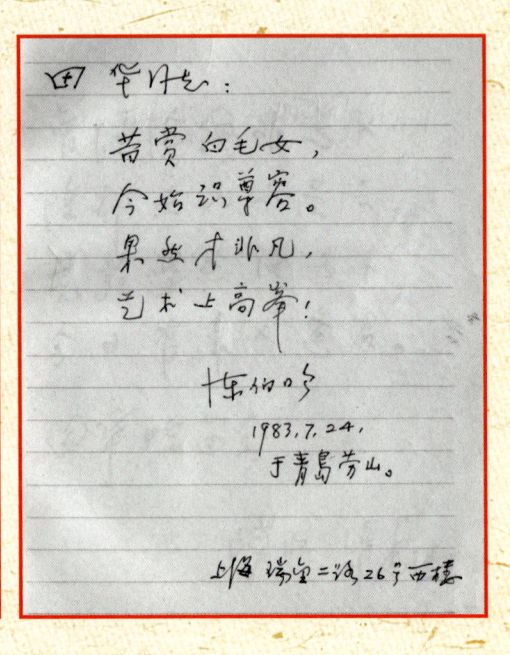

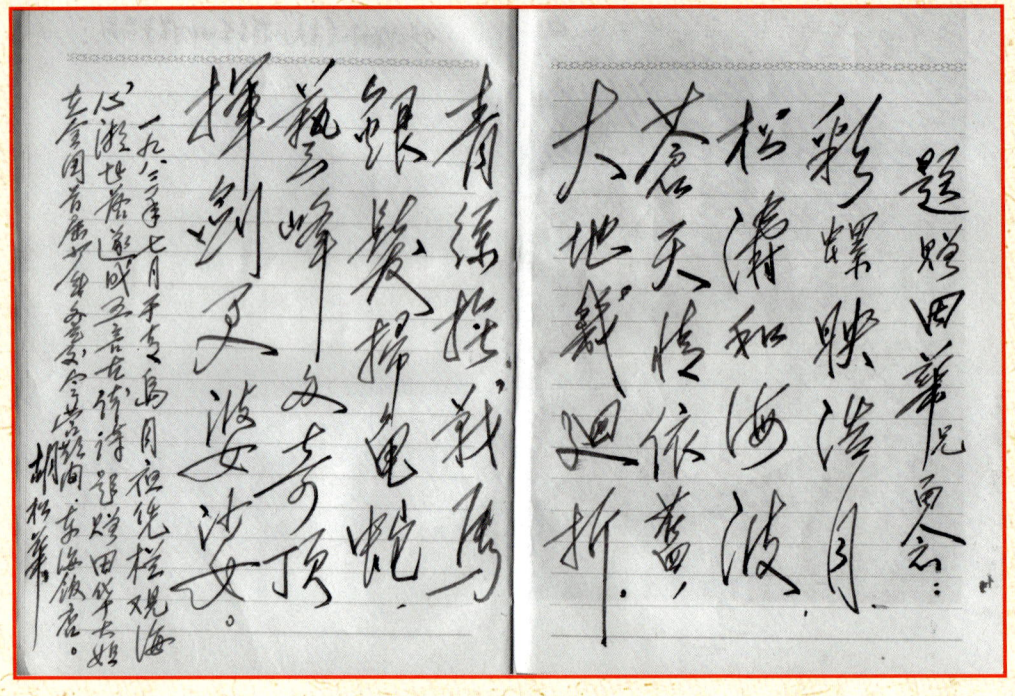

您一生拍了上万个镜头，
但是最美的一个
——见到了她。
　　纯洁。
　　热情……。
凡是人类最美好的。
　　　　　　韩美林
　　　　　一九八三年
　　　　　七月廿九日

敬爱的田华同志啊
您是真正心灵美
的好同志，少年儿童爱
您，青年人爱您，老年人
更爱您，您的榜样，我
祝您健康长寿！
　　孙道临
　　　　于青岛。

田华同志：
苦赏《白毛女》，
今始识尊容。
果然才非凡，
艺术上高峰！
　　　陈伯吹
　　　1983.7.24.
　　　于青岛崂山。

上海瑞金二路26号西楼

题赠田华兄惠存：
彩蝶映海月，
松涛和海波。
苍天倍依旧，
大地载迎新。

青丝堪载马，
银发扫电蛇。
攀峰更勿须顶，
择剑又婆娑。

一九八三年七月于青岛月怡饭店观海心游世界感五言古体诗题赠田华兄姆
台湾省屏东县爱乡乡宿
胡松华

1983年，中国第一届青少年文艺夏令营在青岛举行时互题词留念

田华在全国少年儿童电影才艺展示活动暨第三届少年儿童电影配音大赛期间与小选手们在一起

田华评委在沈阳全国少年文化宫小品比赛中点评作品,后立者为许家察(中央电视台少儿部负责人)

1994年，田华、苏凡夫妇和陈慕华在中央电视台"蓝宝石婚"纪念活动专场演出时合影

田华和秦怡、金迪在2012年的长春电影节上

国庆六十周年，田华在天安门观礼台上

田华与演员张勇手、袁霞、师伟，导演翟俊杰在八一厂庆祝建军90周年歌咏朗诵晚会上

2018年3月，田华到延安参加"永远的鲁艺：纪念鲁迅艺术学院建院80周年文艺晚会"

田华看望唐山大地震幸存的著名女作家

田华、苏凡在拍完故事片《柯棣华大夫》后，将该片送给柯棣华夫人郭庆兰审看并合影

田华与全国人大常委会原副委员长顾秀莲等参加一年一度的"中华环保"植树活动时合影

2019年春节前，中国文联党组书记李屹到田华家中探望

张艺谋对田华说："这个母亲非你莫属！"

田华由衷感慨："这是我演戏以来，扮演的一位最伟大的母亲。"

7分钟，琴声悠悠，余音绕梁，不绝如缕。田华的母亲形象慈祥端庄，没有一句台词，千言万语，万语千言，无声胜有声……

田华参加北京举办的第28届世界残奥会开幕式大型文艺演出（该照片发表于《中国青年报》）

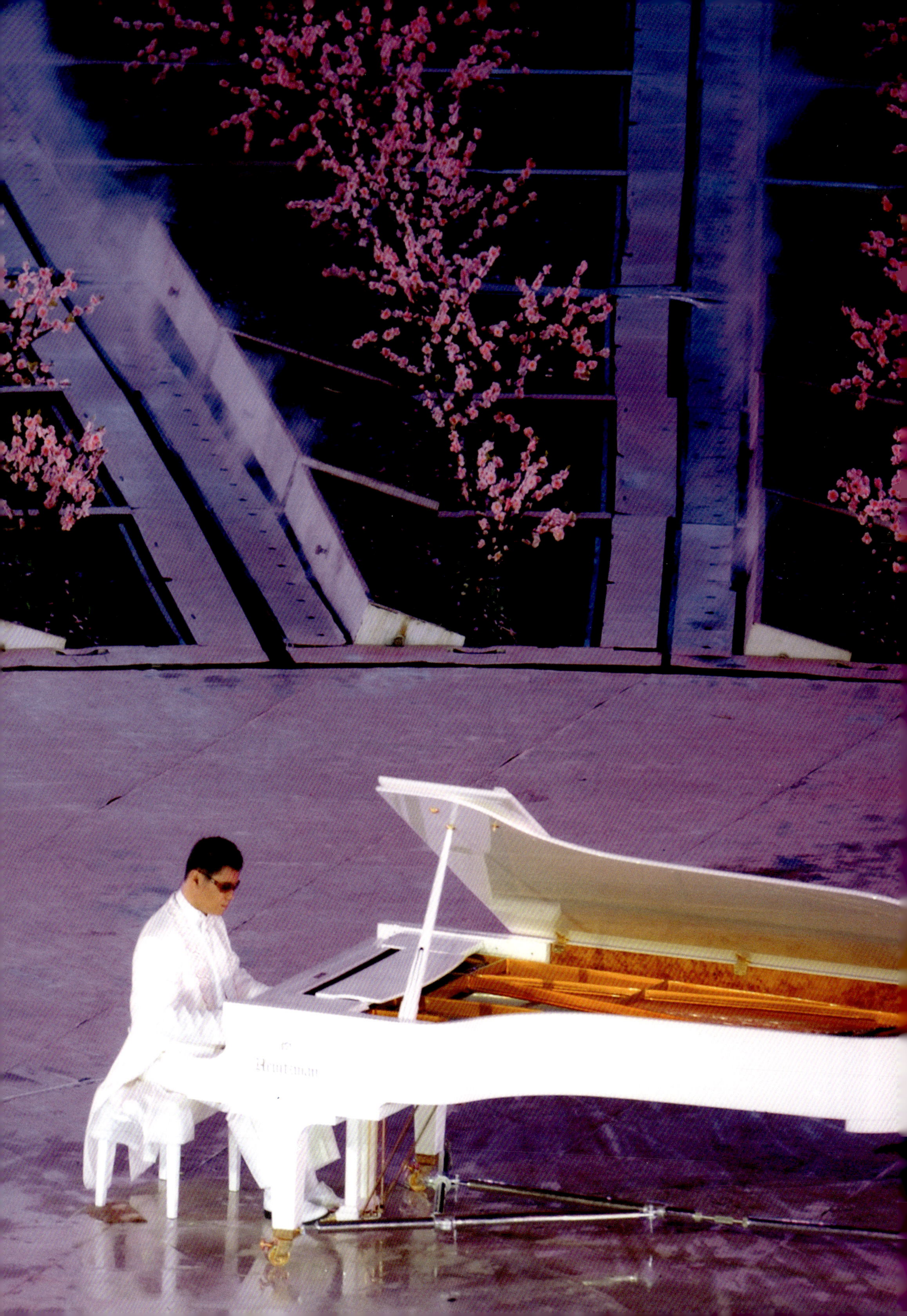

《明月曾几时　故土在心间》

（乔羽、庄奴改编）

陈铎：
我说床前明月光
疑是地上霜
为什么举头望明月
低头思故乡

田华：
为什么夜夜思故乡
故乡情谊长
有兄有弟有姐妹
共享明月光

陈铎：
今夜又见月儿圆
又闻桂花香
为什么年年中秋夜
夜夜思故乡

田华：
今夜里天上月儿圆
地上桂花香
好一个花好月儿中秋夜
天地共久长

（庆祝建国六十周年大型音乐舞蹈史诗
《复兴之路》之"海峡愿景"
2009年8月4日—10月6日）

田华参加中华人民共和国成立60周年
大型音乐舞蹈史诗《复兴之路》演出

战友情深　亲如家人

　　1973年夏，到哈尔滨市演出话剧《霓虹灯下的哨兵》时，田华和八一厂演员剧团的部分演员师伟、张帆、曲云、袁霞、马晨曦、张良、石存玉、李炎、刘磊等与哈尔滨军工学院刘居英院长、谢政委合影

　　田华和八一厂演员剧团的演员马晨曦、李晓青、曲云、师伟、危玲、张帆、金青云、王晓棠、袁霞、李力、石存玉、言小朋、张勇手、刘秉章、孟庆芳、于纯绵、翟春华、张亨利、刘江、赵学敏、李炎、贾士纮、杨成轩、白钢、王连海、朱启等人深入基层部队与部队指战员合影留念

田华和八一厂演员剧团的刘尚娴、张帆、袁霞、刘龙、刘江、刘继忠、李世玺、祝新运、黄焕光等人下部队时合影

田华与八一厂演员剧团卢奇、陶玉玲、祝新运、刘继忠等人和战士们一起庆祝八一建军节，现场录制大合唱《我是一个兵》

八一厂演员（从左至右）岳红、施建岚、田华、朱可心在老山前线掩体内

田华指导青年
演员洪学敏

田华出席抗敌剧社战友聚会时与胡可、胡朋亲切叙旧

苏凡、田华夫妇在家中与抗敌剧社老战友交谈往事

田华和邢吉田为边疆哨卡的战士们表演节目，演唱电影《白毛女》插曲《北风吹》

田华为对越自卫反击战出征的战士壮行

田华和八一厂部分演员在广西老山前线，祭奠对越自卫反击战中牺牲的解放军战士

田华带八一厂演员剧团到湖北襄樊慰问演出

1980年，田华同部分解放军指导员培训班学员在一起交谈如何看好电影

田华与部队陆海空三军指战员们合影留念

田华与干休所战士在春节联欢会上合影

田华在舰艇上对海军战士们说："你教教我掌舵行吗？"

田华与武警部队指战员在一起

田华与坦克兵官兵

在纪念中国人民抗日战争暨世界反法西斯战争胜利70周年阅兵式结束后，开检阅车的驾驶员对田华说："首长，能和您合张影吗？"田华爽快回答："行！"

2015年9月3日，与抗日战争中睡一个被窝的老战友华江参加纪念抗战胜利70周年阅兵式上合影留念

携手同行　共叙友情

中华人民共和国第一届全国人民代表大会期间部分代表合影（前排从左至右：徐肖冰、白杨、田华，二排从左至右：王昆、袁雪芬、常香玉，后排从左至右：程砚秋、周信芳、梅兰芳）

田华在中央戏剧学院"表训班"学习期间，与阳翰笙、沙可夫、于蓝、张平、赵凡、刘燕瑾、岳慎、方掬芬、庄则敬等人合影

"文化大革命"结束后,田华与张瑞芳、秦怡、白杨在中山公园音乐堂参加演出时合影留念(从左至右)

田华和演员宣景琳、王人美(由左至右)

1979年10月,田华与秦怡、张瑞芳、王丹凤、王晓棠、白杨、刘琼、孙道临在第四次"文代会"期间相聚

1979年10月，田华和王苹、王晓棠在第四次"文代会"上亲切交谈（从左至右）

1979年10月，田华和于蓝在第四次"文代会"上

1979年10月，田华与王玉珍在第四次"文代会"上合影

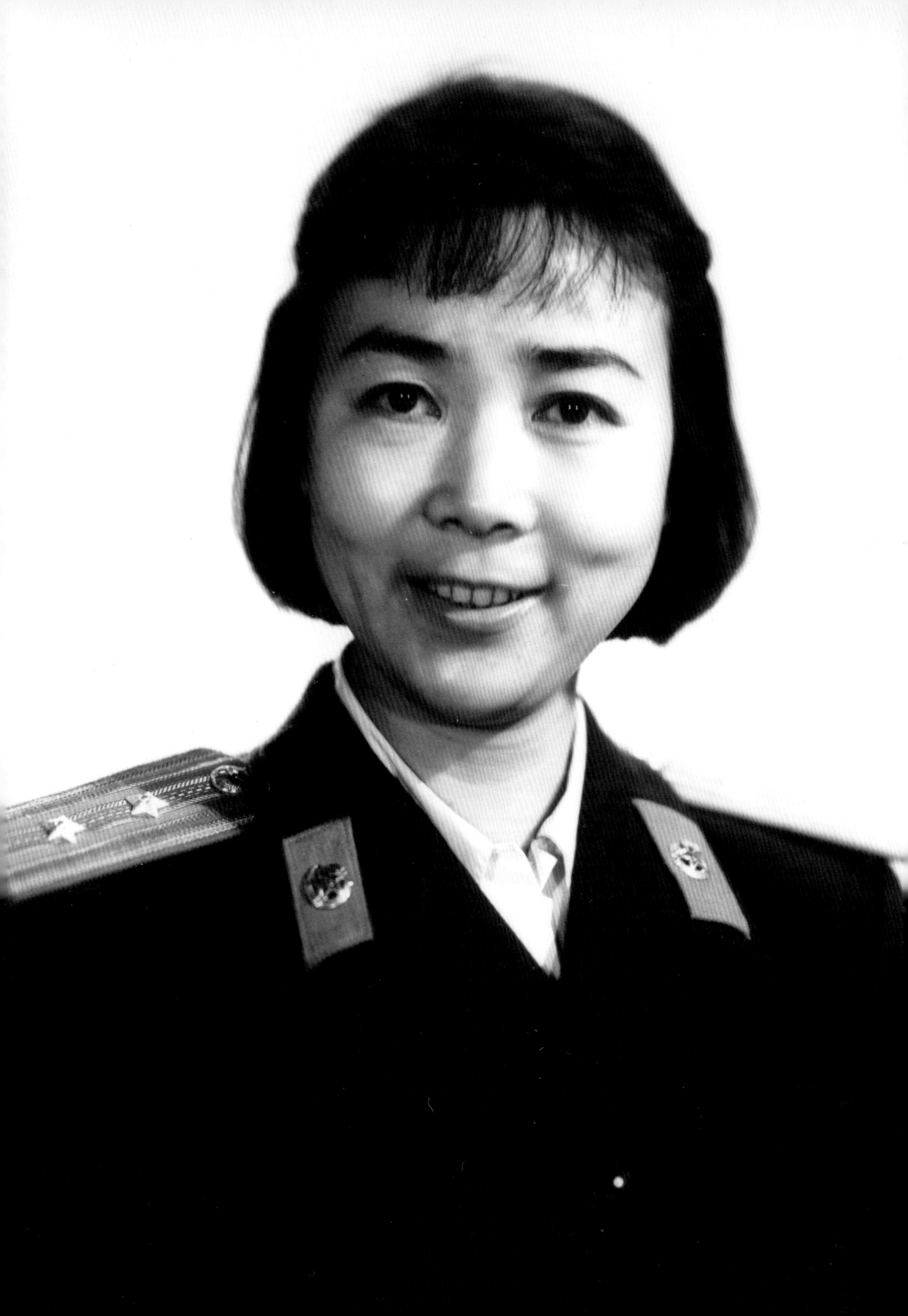

1961年，在全国故事片创作会议上与电影界同仁（前排从左至右贺小书、凌元、田华、张瑞芳、张忻、张瑜，后排从左至右张连文、王心刚、白穆、史进、任颐）在一起

1982年，田华与著名电影导演武兆堤（左一）、著名剧作家林杉（左二）出任中国电影金鸡奖评委，参观南京紫金山天文台时合影

1989年初，田华看望电影界前辈、原抗敌剧社领导之一钟惦棐，请他为自己撰写的个人回忆录《沃土硝烟育我他》一书作序。钟惦棐欣然同意，但不久却因病逝世。此为田华终身憾事

1982年，田华与著名剧作家黄宗江（左一）、著名电影导演谢晋（右一）担任中国电影金鸡奖评委时在一起商讨评奖事宜

田华与演员好友安琪、孙凤琴

田华与原中国女排教练袁伟民（左二）、足球健将左树生（左一）在人民大会堂参加联欢会时亲切交谈

1987年，抗敌剧社成立50周年，田华、苏凡夫妇与当年抗敌剧社部分老领导、老战友张非、汪洋、譚焚、赵英、林韦、丁里、刘佳、何延、车毅、陶洛东、郭东俊、杜烽、陈群、徐婕、贾素娥、古立高、葛振邦、华江等人在北京相聚

田华与原抗敌剧社领导、战友高虹、魏风、汪洋、丁里、华江、刘佳、张永康合影

田华、苏凡夫妇与抗敌剧社的老战友徐捷、林韦、陈群、赵英、贾素娥、华江、车毅、叶宁、张非、边军、杜烽、汪洋、罗东、丁里、刘佳、钟惦棐、葛振邦、晨耕、高虹、张永康、古立高、余苏奇、譚焚、陈孟君、何迟、荆兰、刘钧、魏风、郭东俊、刘介之、葛林、王立、李鸿昌等人合影留念

田华与当年抗敌剧社的老战友们魏风、孙玉雷、华江、张华、高虹、粟茂章、郝玉生、刘汝舟、杜烽、车毅、张永康、刘振权等人聚会时合影留念

田华与入党介绍人王久晨（曾工作于延安鲁艺，后任空政文工团团长）

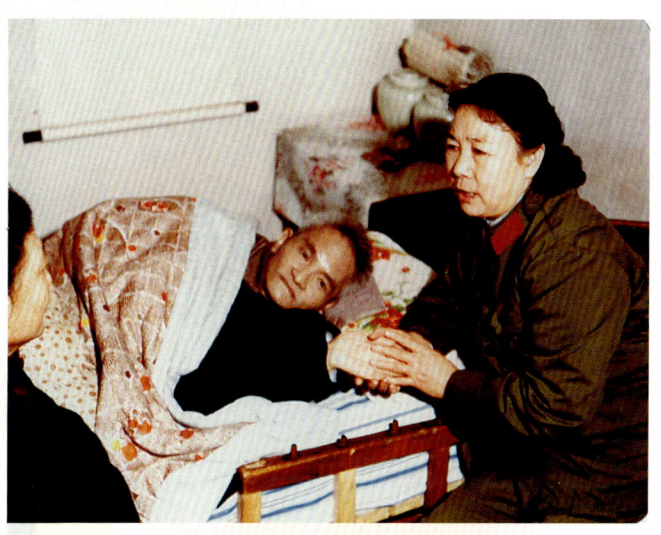

田华到天津去看望自己的入党介绍人、著名剧作家何迟老师（相声《买猴》的作者）

田华在拍摄电视剧《艺校初春》时，邀请当年的老领导、晋察冀抗敌剧社副社长、原北影厂老厂长汪洋友情出演

田华和抗敌剧社"小鬼"队第二任队长杜烽、孙路在一起共叙战友情

田华在晋察冀军区成立50周年聚会上，与老战友华江、张华、车毅、兰地、刘振权、杜烽高唱抗敌剧社社歌

田华与抗敌剧社老战友胡朋、胡朋女儿、鄂焚、车毅、林韦、许文敏、张逊仁、华江、荆兰、罗英、贾素娥在张非家相聚

1982年，田华与胡朋在拍摄故事片《柯棣华大夫》时，在河北阜平县高山上回忆当年不平凡的艰难岁月

1982年，田华和牛娜拍摄故事片《柯棣华大夫》时的生活留影

田华在苏凡执导的影片《柯棣华大夫》中担任艺术顾问，在河北阜平县王阜口外景地与主演朱时茂边吃野餐边说戏

苏凡、田华夫妇在导演凌子风家中作客

田华与剧作家黄宗江在一起谈笑风生

苏凡、田华夫妇在国画大师李苦禅之子李燕（清华大学美术学院教授）家中观赏书画

田华与老搭档陈强、原上影厂厂长徐桑楚

田华与演员刘晓庆、龚雪

田华与电影《白毛女》中赵大叔的扮演者赵路，两人在拍摄这部电影后，建立起长达半个多世纪的友情

田华与著名男高音歌唱家马国光，当年苏凡是马国光的伯乐，马国光与田华、苏凡夫妇在艺术上有着一生的不解之缘

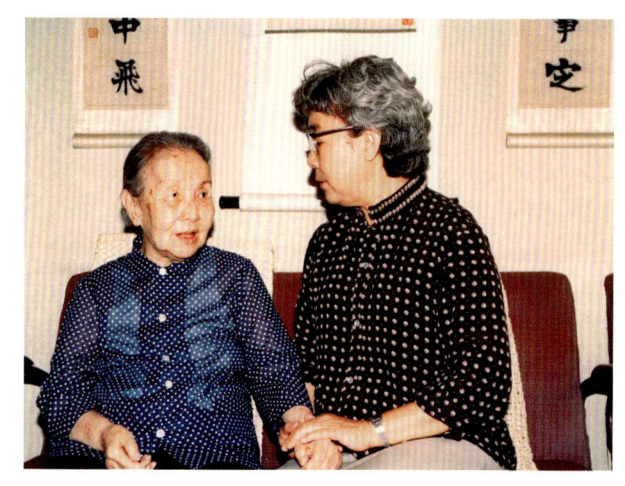

田华与著名作家冰心，她最喜欢清新隽永的《小橘灯》

田华与凌元不同时期的合作中角色身份不断变化，直到晚年一起做"关心下一代"的活动

田华与影片《大决战之辽沈战役》中饰演林彪的演员马尚信

上海国际电影节期间,田华专程去看望吴蔚云老师(电影《白毛女》总摄影师)

苏凡、田华夫妇春节前去看望导演谢添

田华与演员张丰毅、金迪、颜世魁等人在深圳相聚

从左至右：于蓝、秦怡、田华、马季参加中央电视台"我们万众一心"节目录制

田华与孙道临、秦怡、郭兰英、于蓝、郭达、刘佩琦、张凯丽、王铁成、王馥荔、高明合影

田华与老朋友于洋、于蓝（从左至右）

田华与歌唱家王昆、演员谢芳一起参加全国女县长协会活动（从左至右）

田华与电影界同行庞敏、高明、吴若甫、王海燕、巍子一起参加人民大会堂的演出活动（从左至右）

田华与电影界同行张嫱、曹雷、李仁堂、张圆、于蓝、张瑞芳、许桑楚、钱千里、庞学勤、丁建华、傅丽莉、马晓伟、朱旭、张良、王静珠、翟俊杰、祝希娟、江海洋、乔榛、孙淳等人在参加"银幕百年"纪念活动时合影

田华与陶玉玲、宋春丽、王玉梅、肖桂云相聚在海南三亚第14届中国金鸡百花电影节（从左至右）

田华与丁建华在中华人民共和国成立60周年《复兴之路》排演期间合影

田华与作曲家孟庆云在一起研究北京田华艺术学校校歌暨《艺校初春》主题歌，该歌曲获得全国校园歌曲评比一等奖

田华与美籍华裔演员卢燕

田华与王心刚（右）、吴思远（左）

田华与李雪健、秦怡、于洋、斯琴高娃、杜雨露在"情满中国"大型文艺演出活动时再次相逢（从左至右）

田华与歌剧《白毛女》编剧之一贺敬之老师，出席"毛泽东《在延安文艺座谈会上的讲话》发表七十周年"活动现场合影

田华与画家崔如琢在一起，"隔行不隔山"

田华与爱国世家、华侨庄炎林主席

田华与刘诗兵、于蓝、刘世龙在中国电影金鸡百花电影节采风时合影留念（左起）

田华和华江看望原抗敌剧社老领导胡可时合影留念

田华与原国家体委副主任荣高棠合影

田华与聂荣臻元帅之女聂力中将合影（她们在晋察冀一起长大）

田华与三代歌剧《白毛女》喜儿的扮演者孟宇、王昆、万山红合影（左起：孟宇、王昆、田华、万山红）

田华（电影）与王昆（歌剧）、石钟琴、瞿笑意（芭蕾舞）等"白毛女"扮演者合影

田华与演员曹灿在"关心下一代"活动中合影

田华与李连杰出席"壹基金"活动

田华与台湾演员归亚蕾参加中国金鸡百花电影节在机场相遇

田华与歌唱演员王二妮（曾在歌剧《白毛女》中饰演喜儿）在人民大会堂的专场演出中一起唱《北风吹》

一年一度的春节联欢晚会上，田华与原八一厂厂长明振江，原八一厂演员陈佩斯、王燕玲夫妇，朱时茂、范旭霞夫妇，赵晓明等人合影留念

2017年国庆节，田华与胡松华（左一）、郭兰英（左三）、谢芳（左四）参加晚会录制节目时合影

2008年北京奥运会，田华与香港演员刘德华等人合影

田华与八一电影制片厂演员李幼斌合影

田华与剧作家阎肃（左一）、话剧表演艺术家郑榕（右一）在中央电视台参加活动后合影

田华在参加2008年残奥会开幕式演出前与总导演张艺谋合影

田华与陈强、陈佩斯父子两代的特殊情谊

田华在《白毛女》导演张水华家观看1950年的剧照。田华说张水华是她电影演员起步的引路人

2012年，田华与电影《飞越老人院》的老电影艺术家们合影留念。这部描写老人题材的影片在北京大学生电影节上获得"老演员集体奖"。田华与许还山前去领奖。奖杯现存于吴天明纪念馆内

田华与侯勇、韦廉、祝希娟、高明、张丰毅、唐国强、张良、王馥荔、娜仁花、庞敏、黄小雷等人参加电影表演艺术学会采风活动期间，在上海黄浦大桥与建桥专家们合影留念

田华看望影片《花好月圆》的导演郭维、闫铮夫妇

田华与张勇手、师伟参加表演学会凤凰奖活动时在青岛黄岛海边与观众合影

田华与王光英、王光美、马玉涛、谢添、苏叔阳、陈强在牛群《牛眼看名家》摄影艺术展览会上

田华与芭蕾舞剧《白毛女》中扮演白毛女的演员石钟琴在上海国际电影节期间接受采访时留影

田华和陶玉玲、李炎、罗浪（从左至右）在人民大会堂江苏厅参加演出

2009年，北京青少年公益电影节开幕式暨颁奖晚会上，田华与于蓝、于洋、张勇手获得"难忘的十大银幕形象"荣誉称号

2009年在纪念新中国成立60周年活动中，田华与祝新运、张良、于蓝、祝希娟在一起等候上场时合影

田华与牛犇、黄宏、王心刚、祝希娟、秦怡在参加中国文联举办的"百花迎春"春节大联欢时合影

田华、祝希娟、吕其明、仲星火、秦怡、王心刚、傅庚辰、郁钧剑与中国文联党组书记李屹、原党组书记赵实、原党组副书记覃志刚等人在中国文联举办的"百花迎春"春节大联欢时合影

田华在参加中国电影家协会举办的纪念中国共产党成立95周年"我的祖国"文艺演出时，与原八一电影制片厂演员朱时茂合影

田华在参加中国电影家协会举办的纪念中国共产党成立95周年"我的祖国"文艺演出时，与女高音歌唱家叶佩英合影

2017年11月，田华应邀参加石家庄解放七十周年文艺晚会

友好往来　传播友谊

在对外国际文化交流活动中，田华曾多次代表国家出访，把中国的传统文化通过电影胶片的放映传播到世界人民心间。

1961年，田华参加以周恩来总理为总团长，陈波为团长，崔嵬为副团长，由导演桑弧、李恩杰，演员张瑞芳、秦怡、王丹凤、秦文、王苏娅、王心刚、庞学勤、杨丽坤等人组成的中国电影代表团访问缅甸，与缅甸女演员及接待方工作人员合影留念

1961年，田华、王苏娅、杨丽坤访问缅甸，参观当地神庙时与缅甸女演员合影留念

1961年，田华、杨丽坤、王丹凤、秦怡、张瑞芳、李恩杰、桑弧、秦文、王苏娅、王心刚、庞学勤等人随中国电影代表团访问缅甸时与缅甸女演员及接待方工作人员合影留念

1961年，田华、张瑞芳、庞学勤、王心刚、秦怡、杨丽坤、王丹凤、秦文、王苏娅等人在缅甸采风时，与缅甸演员合唱中缅友好歌曲

田华等人随中国电影代表团出访缅甸，所到之处受到热烈欢迎

田华于1952年随军队电影代表团访问捷克斯洛伐克时与女战士合影

1952年，田华与李长华、沈西蒙等军队电影代表团代表在捷克斯洛伐克举行的中国军队电影周开幕式上

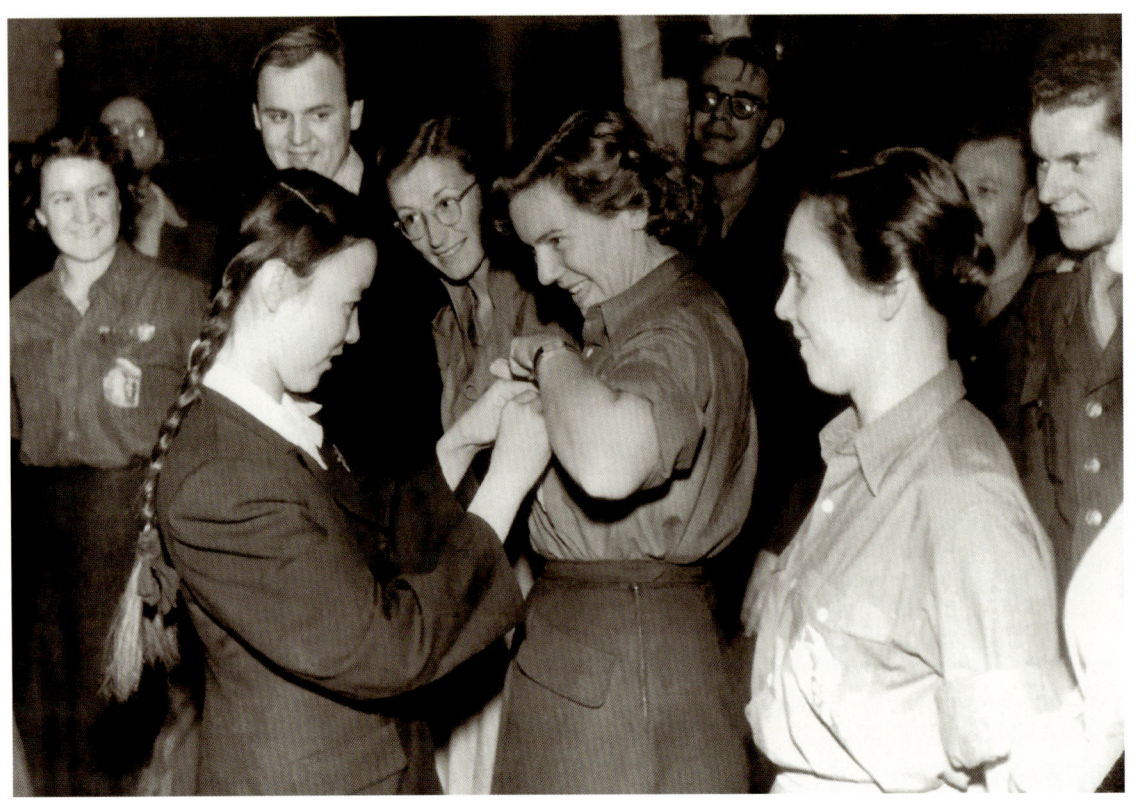

田华随中国电影代表团于1952年访问捷克斯洛伐克时，为捷克主演歌剧《白毛女》的女演员佩戴纪念章

田华1952年访问捷克斯洛伐克时，给捷克儿童们签名留念

田华1952年访问捷克斯洛伐克时与带队的团长蔡楚生合影

1952年，田华与王震之、赵明等人访问捷克斯洛伐克，与观众见面

1953年，田华参加世界妇女大会期间，在丹麦广播电台录制安徒生童话《皇帝的新衣》

1952年，田华在捷克斯洛伐克举办的卡罗维发利国际电影节上，与在《攻克柏林》中扮演女主角娜塔莎的苏联女演员玛丽娜·卡瓦廖娃合影留念

田华与苏联演员马克西姆·斯特拉乌赫（电影《带枪的人》主演）合影

1964年，田华在印度尼西亚

1964年，田华在印度尼西亚亚非电影节上，与非洲演员合影留念

1964年，田华在印度尼西亚亚非电影节上，与热情的观众朋友们合影

1964年，田华访问印度尼西亚

1964年，田华访问印度尼西亚，受到印尼高层领导人的接见

1964年，田华与冯白鲁、黄宗江、司徒慧敏、大旺堆、岳林、丁峤等人在印度尼西亚合影

1964年，田华访问印度尼西亚，受到印尼共产党主席艾地的接见

1964年，司徒慧敏、田华等人访问印度尼西亚，受到印尼总统苏加诺的接见

1964年，田华访问印度尼西亚，与各国电影代表团的女演员合影

1965年，越南影片《义静烈火》在八一电影制片厂拍摄期间，田华与越南演员在北京八达岭长城合影留念

中国电影代表团于1979年11月16日到29日访问日本，受到日本大平首相的接见

前排左一田华、大平首相、张金玲、陈冲、孙羽、中野良子，后排右一陈播、赵丹

与日本电影界元老川喜多先生在一起。从右至左：田华、陈冲、川喜多、张金玲

田华、张金玲、陈冲在德间康快的陪同下，来到日本著名女电影演员栗原小卷（主演影片《望乡》《生死恋》）家中做客

从左至右：栗原小卷、陈冲、田华、张金玲、德间康快

田华随中国电影代表团出访日本时，参观东宝映画制片公司，与现场拍戏的摄制组人员合影留念

田华与日本著名女演员中野良子合影

田华与日本青年女演员大竹忍（影片《啊！野麦岭》主演）座谈表演创作和体验生活

田华与日本芭蕾舞团的清水正夫、松山树子夫妇之子清水哲太郎及儿媳妇森下洋子到北京演出《白毛女》时合影

2005年中国电影100周年，田华与当年在《白毛女》剧组担任剪辑的日本友人岸富美子（左）在中国电影博物馆参观合影

1982年，田华在意大利都灵举办的中国电影回顾展开幕式上受到广大观众的热烈欢迎

1982年，田华参加中国电影代表团在意大利都灵举办的中国电影回顾展开幕式上

田华（右三）、祝希娟（左三）在米兰中国电影回顾展开幕式上，与米兰侨联主席胡锡珍（右四）及留学生们合影留念

田华与张水华（左一）、程季华（右一）在法国凯旋门前留影

1984年，田华（右三）作为代表团副团长，与于洋（左二）、凌元（左三）等中国电影代表团成员访问朝鲜，在周恩来总理铜像前合影留念

1984年，田华出访朝鲜，在参观金日成故居时，与当地的儿童合影

1984年，田华（前排左二）、于洋（后排左二）、凌元（前排右二）等人访问朝鲜时与中国驻朝鲜大使馆人员合影

1984年，田华访问朝鲜时，与朝鲜歌剧《白毛女》"喜儿"扮演者合影留念

田华从事革命文艺工作五十周年（1940—1990）纪念活动集萃

田华从事革命文艺工作五十周年（1940—1990）纪念会会场

田华和陈强、李百万合影

田华和原中国人民对外友好协会会长陈昊苏合影

田华和贺敬之合影

原陆军六十七军政治部副主任李慧儒在座谈会上发言（汪洋、苏云、丁峤、陈荒煤）

与原中影发行公司总经理胡健合影

关于幸福的答案

——为田华艺术生活五十年而作

著名作家、剧作家 白桦

当你扭着秧歌,从烽火硝烟中走到我们面前,甩动着货郎鼓般的羊角辫,你惊讶地发现鼓声是那么响亮,你开始问自己,什么是幸福,这是一个人人要想到的问题,人们都认识你并难以忘怀,因为在亿万人的眼睛里,你的心灵一如当年,你踏着往日的鼓点,在掌声中走过了漫长而多彩的路,你应该找到了五十年前的答案了吧,你找到了,我们相信。

1990年在田华从事革命文艺工作五十周年座谈会上的发言

著名剧作家、原总政治部宣传部部长、原中国人民解放军艺术学院院长 胡可

北京军区战友话剧团、北京电影制片厂演员 胡朋

田华同志是广大观众十分熟悉和喜爱的电影表演艺术家，是在党的哺育下，在革命战争的熔炉里锻炼成熟起来的文艺工作者的代表。她从事文艺工作的时候，正是毛泽东同志《在延安文艺座谈会上的讲话》发表的前夕，她是沿着《讲话》指引的道路，在半个世纪的漫长岁月里，坚定不移地走到今天的。她严格遵循毛泽东主席关于"生活是创作的唯一源泉"的讲话精髓，认真从群众斗争生活的土壤里吸取营养，并认真钻研艺术技巧，向古今中外优秀文艺遗产学习。她的成功，是从艰苦的磨炼中取得的。在纪念她从事革命文艺工作五十周年的时候，年轻的同志们将认真研究她作为表演艺术家所塑造的一系列银幕形象，也应研究她作为革命文艺工作者所具备的全面修养和革命精神。祝田华同志再接再厉，为社会主义文艺事业做出更多新的贡献！

田华与导演王苹等电影艺术家

田华与八一厂原厂长萧穆

田华与华江

田华与李翔

(栗石毅　摄)

1990年在田华从事革命文艺工作五十周年座谈会上的发言

原电影局局长　陈昊苏

　　田华同志是一颗电影艺术的明星，她是代表着中华民族在社会主义道路上前进的一颗明星，这样的明星是值得我们珍视的，值得我们尊敬的。我认为田华同志所走过的道路，是一路追随着我们中国共产党的前行历程，完全体现了她用真诚和坦荡的胸怀，成为一个对党的事业、对广大人民有责任心、有使命感的真正艺术家。

真实　激情　质朴

——浅谈田氏表演风格

电影表演艺术家 宋春丽

风格是作家艺术家在自己的创作实践中表现出来的艺术特色；表演风格是演员在长期的表演实践中，因自身的气质、素质、修养以及对表演艺术所持的独到见解而形成的不同于他人的表演特色。

田华同志是我国著名的电影表演艺术家，在20世纪50年代因成功地塑造了《白毛女》中的喜儿而一举成名，而后她又因成功地塑造了《党的女儿》中的李玉梅、《花好月圆》中的范灵芝、《江山多娇》中的岳仙、《风暴》中的陈桂贞、《碧海丹心》中的金小妹、《夺印》中的胡素芳、《白求恩大夫》中的冯军医、《秘密图纸》中的石云等鲜明形象，而跻身于我国著名的"22大电影明星"行列。"文化大革命"后，她塑造的《法庭内外》中的女法官尚勤，又近乎成了家喻户晓的执法楷模。田华同志经历过烽火战争及各种政治运动的洗礼与冲击，成熟了思想，也成熟了技巧，丰富而独特的生活经历使得她塑造的银幕形象具有掩饰不住的时代的烙印，从而形成了她独特而鲜明的表演风格——田氏表演风格。

我以为田氏表演风格可以概括为"真实，激情，质朴"六个字。

宋春丽在田华家

一、真实：只有当角色和演员水乳交融般地融为一体时，才能使角色和演员都具有不朽的生命

真实地再现生活历来是艺术家们遵循的创作原则，也历来是衡量艺术成功与失败的标准，作为具有直观特性的电影艺术更是如此。

为了达到真实地塑造形象的目的，20世纪60年代，表演界曾掀起过"体验"与"体现"的派别论争。"四人帮"倒台后，随着人们对电影自身认识的加深，随着对一些不同风格探索影片的研讨，表演界又相应地出现了"不表演的表演""淡化表演""冷面表演"等"现代表演新观念"。这些新观念到后来几乎到了要排斥职业演员的地步。然而近来随着影片《本命年》等的隆重推出，演员自身的魅力和功力又重新被加以重视。"三十年河东，三十年河西"，实践永远检验着理论，理论永远引导着实践，体现也罢，体验也罢，最终是为了塑造出真实可信的形象来，我不知该把田华同志的表演划归在哪一类哪一派，但透过她塑造的形象系列，我却突出地感到了一个"真"字。

影片《白毛女》完成于中华人民共和国成立初期，影片深刻地完成了"旧社会把人变成鬼，新社会把鬼变成人"的主题，塑造了一个纯朴可爱受尽欺凌的喜儿形象。时至今日，人们一提起喜儿便会想到田华，一提到田华便会想到喜儿，这种融角色与演员为一体的现象，使演员和角色都具有了不朽的生命，这无疑是对人物真实性的最大肯定，也无疑是对演员的最高奖赏。

在回忆这段创作时，田华同志说："我演喜儿除了气质对头外主要是早就贮备了一定的生活。""由于我熟悉农村生活，所以能运用自己的肌体把当时的生活，把角色自然真实朴素地再现出来。"这话道出了一个极朴素的真理——真实来源于生活。

如果说喜儿这一角色的成功，还带有"本色表演"的因素的话，那么《法庭内外》中尚勤形象的创作成功则反映了演员成熟的思想及表演技巧。大家或许还记得夏主任夜访尚勤这场戏。这场戏台词不多，但内心矛盾极尖锐，思想情感极为复杂，要求演员细腻准确，层次鲜明地加以体现，田华同志整场戏的表演含蓄细腻，感人至深。

在回忆这段创作时田华同志说："不能一提到法律就板板正正，冷冰冰的，展现情与法的矛盾最忌讳重蹈公式化概念的老套，要让人感到真实可信，要从人物复杂的感情表露中宣传我们的法则。"这话又道出了一个朴素的真理——真实来源于艺术家成熟的思想及技巧。

二、激情：演员具有不同于一般人的素质，激情是完成角色的重要条件

俗话说演员是疯子，这话不无道理，演员之所以能说哭就哭，说笑就笑地"疯"起来，是因为他们具有不同于一般人的素质，激情是这一素质的重要组成部分。勃发的激情恰是田氏表演风格的又一特点。

《党的女儿》这部影片观众朋友们都十分熟悉，它不知激动过多少人，感染了多少人，我就是其中之一。我极为欣赏其中的两场戏，一场是李玉梅从遇难烈士中爬出四处寻找组织，她来到姐姐家，希望得到姐姐的帮助，胆小的姐姐却把她反锁在屋里，她急得又喊又叫，并晓之以理，动之以情地说服姐姐。再一场是因叛徒的出卖，她被白匪包围了，为了掩护交通员和那筐咸菜——党费，她动情地喊着："听妈妈的话，别动"，而后冲出屋去把敌人引开。

这两场戏严格地讲并不是什么难度很大的戏，因为没有什么更复杂的情节和微妙的内心活动。但要求演员必须有饱满的革命激情，必须相信规定情景中发生的事是真的。只有自己首先被激动，才能去感动观众。田华同志这两场戏演得极为成功，整场戏的情绪连一气呵成。没有一丝杂念，没有半点矫情，我们几乎从她肌体的每人上部位都能感受到一种压抑不住的激动。由此我又想到了她塑造的其他形象：《碧海丹心》中倔强的小妹，嘴里咬着辫子，双手拉着缆绳，飒爽英姿；《风暴》中贤惠的陈桂珍眼含热泪极为兴奋而欣慰地听丈夫林祥谦讲述未来。无一不是因她本人的激情而强烈地感染观众。一个演员时时刻刻保持创作上的激情实在是难能可贵的，这里除去有深存的生活基础，强烈的爱憎分明外恐怕也不能排除天赋这一因素吧，用田华同志自己的话说："我认为自己有激情的素质，适应性强。"我想，并非是所有的人都有这样的素质，因此也并非是所有的人都能成为表演艺术家，我这样说当然不是说只要有了激情就能成为表演艺术家，而只是想说勃发的激情是艺术家成功的先决条件，寡情于世的人永远与艺术无缘。

三、质朴：人物形象的魅力来自于演员自身魅力与角色魅力的双重结合

任何艺术都强调要表现创作者自身，任何艺术也必然因创作者自身的个性影响着作品的风格，宋词的豪放派与婉约派之分，就是因为作者的个性不同，环境不同所致。

表演也一样，人物形象的魅力来自于演员自身魅力与角色魅力的双重结合，来自于演员能充分认识自己与角色最有利的"结合部"。纵观田华同志塑造的形象系列，每一个成功的形象都综合了田华同志自身那质朴无华的气质，有时连同她那偶尔流露出的河北口音，都成了体现人物性格不可缺少的组成部分。

我有幸提早拜读了田华同志出版的著作《沃土硝烟育我她》我更加了解和理解了一个受人爱戴的电影表演艺术家独特个性的形成。田华同志自幼长在农村，乡里人淳厚朴实的品格给了她极深的熏陶，她参军后居然还以没人帮姐姐推碾子为由闹着要回家，她至今还会熟练地炸元宵包饺子，至今还会缝衣服织毛线，难怪她塑造的人物总是有着那么浓厚的生活气息。

形成田华同志独特个性的另一个因素是田华同志是我们党我们军队自己培养出来的文艺工作者，表演艺术家，从她十二岁当兵，到进入戏剧学院进修，到去各国访问及至今天成为身兼数职的干部、表演艺术家，无一不是党和人民军队的培养，因此对党，对人民，对军队，对生她、养她的故土，她都充满了一种朴素的报效之心，这充分体现在她塑造的每一个角色上：敢于反抗剥削和压迫的村姑喜儿；勇于牺牲个人而保护党组织的共产党员李玉梅；努力改变家乡落后面貌而战天斗地的共青团员岳仙；性格外向风风火火的渔家女金小妹；威严干练沉着的公安战士石云；执法如山不徇私情的法官尚勤，等等。她热爱她们，她以一个老文艺战士、老艺术家的全部热情讴歌她们，她在塑造她们的同时，也塑造了自己——质朴无华，品格高尚的真正意义上取得卓越成就的表演艺术家。

（1990年在田华从事革命文艺工作五十周年座谈会上的发言）

新中国电影史上的灿烂之星

——田华电影创作概述

北京电影学院教授 刘诗兵

对于我们中国电影界老一辈表演艺术家的创作进行回顾、颂扬与研讨，继承他们艺术作品中鲜明的革命性、战斗性，充满革命激情的人情与人性美，对思想性与艺术性的评价，研究银幕形象的美学标准，都有着重要的意义。田华同志不仅是我国当代优秀的电影表演艺术家，她也是新中国电影史上的一颗灿烂之星。

1949年10月新中国的成立，开始了人民电影的新纪元。人民电影事业的发展，一批崭新的电影形象占领了中国银幕，他们配合新政权、新制度，大力歌颂人民解放事业战胜了几千年来的封建统治和国民党政府，影片《白毛女》起到了不可估量的重要作用。影片中喜儿的形象不仅在中国家喻户晓，同时以反抗封建压迫的东方女性的典型形象，进入世界电影史册。田华同志以她纯朴的气质，富有生活气息的技巧，塑造的生动令人难忘的喜儿，一跃成为众人瞩目的明星。

田华的系列形象，是为同时代人树碑立传的形象。在新中国的历史长河中，虽然说新中国电影事业的发展通路崎岖坎坷，但田华同志在《白毛女》中饰演纯情、善良、勇敢反抗的村姑喜儿，《花好月圆》中饰演热情、聪颖、积极向上的知识青年范灵芝，《党的女儿》中饰演坚强、英勇、视死如归的共产党员李玉梅，《江山多娇》中饰演敢想敢干、战天斗地的农村青年岳仙，《风暴》中饰演温柔、善解人意的林祥谦妻子陈桂贞，《碧海丹心》中饰演热情奔放的渔家女金小妹，《夺印》中饰演思想积极、敢于斗争的共青团员胡素芳，《白求恩大夫》中饰演沉稳、刚毅的八路军冯军医，《秘密图纸》中饰演睿智、干练的女公安侦察员石云，《法庭内外》中饰演不徇私情的法官尚勤，《许茂和他的女儿们》中饰演坚持正义的工作组组长阎少春等人物形象，人各有貌，都在广大观众心目中留有深刻难忘的印象。她的系列形象留下了人民解放事业和社会主义建设事业的时代印迹。这些作品具有强烈的鲜明的政治倾向性，也具有完美的艺术性，这是绝不能脱

田华与刘诗兵在中国金鸡百花电影节上合影

离时代与电影事业的发展来苛求的。它们不是"纯"电影，它们歌颂人民战争的胜利，人民革命事业的辉煌，歌颂光明战胜黑暗，正义战胜邪恶的形象化、具体化、艺术化最永恒的生动影像。这正是社会主义电影区别于其他电影的独特所在，也正是它独特的美学价值之所在。因此，为同时代劳动人民树碑立传的形象，是田华同志系列形象作品的一个重要特点。这是经受住了时代与历史考验的一个成功佐证。

纵观田华的表演创作，注意了艺术与生活密切关系。生活是创作之源，这是个老生常谈的问题，这是规律，这是科学。可有些"天才"的演员们并不重视，他们闭门造车，仅以自身的"天才"与施展自身"魅力"胡编乱演，他们脱离了艺术之源，强调"我就是"，"我也只能是表演我的感情"这哪能产生什么不朽的表演之作呢。这个规律，历史如此，现实也如此，当代电影也是如此。田华的系列创作，正是她在生活经历中不断地索取角色创作所需要的内容，并不断地丰富自己的生活，从她的创作经验谈"向生活学习""女法官形象创作回顾"等，都很中肯地谈了这个问题。表演是展现活人的艺术，电影表演是一种十分接近生活原始形象的展现人的艺术。这就应特别重视向生活中索取、汲取、榨取。学会从生活中获取创作素材与原料本身就包含有创作的技巧，是表演的大技巧。

回顾新中国成立初期拍摄的《白毛女》《钢铁战士》《小二黑结婚》《胜利重逢》等影片，同是写边区生活，同是写人民战争，但由于影片的创作者，尤其是演员们对这些生活的熟悉与陌生不同，拍出来的片子大不相同。田华同志生长在农村与艰苦的战争生活，都直接表现在她的创作里。这些就和当年一些很有拍片经验但无边区生活的国统区演员相比，充分发挥了她的创作优势。当前，不断熟悉新的生活，认识和反映我们这个时代，将是演员们长期的艰巨任务。

田华的人物塑造，注意了本身气质的挖掘和发挥。有了正确的思想、丰富的生活、娴熟的技巧，演员是否就可"海阔凭鱼跃"的扮演与塑造一切人物呢？在对生活形态纪实特性，微相功能很强的电影表演中，这是演员要自觉地认识电影特性和自觉的认识自身潜能的重要问题。这个问题虽然是关系着演员创作的成败，但有时主动权并不会在演员手里，导演正确地选择扮演者常是关键的一步，水华选择喜儿，崔嵬选择扮演林道静的谢芳，谢晋选择扮演吴琼花的祝希娟，孙羽选择扮演陆文婷的潘虹，都是对演员本身气质的准确判断与认识。为这些角色的创造成功奠定了可靠的基础。演员们则常有一个不自觉到自觉的认识自我的过程。演员在系列形象创作中，怎样认识自身创作气质的独特性，自觉地挖掘创作潜能，则是个长期的任务。这里有演员与角色性格气质的最好重合，演员创作个性的最好发挥与开拓。演员魅力包括表演魅力在所扮演角色中的最好展现。

现在时兴谈艺术家的主体意识与创作本体。从田华系列创作看，绝不是某些年轻演员的表演观所讲"借助形象走上一条自我实现的路，最后完成自我生存的价值，"这是本末倒置的，田华的创作忠于角色，处处从角色完整体现着想，她以自己的心血汗水灌注角色，以自己丰富的艺术想象编辑角色，以自己芬芳淳厚的乡土气、纯朴自然的生活美，以自身柔韧气质的扩展赋予角色以生命。可以说是借助于自己的躯体与心灵去塑造了一个个有着民族优秀品德的、有血有肉的善良劳动女性、战斗女性、东方女性。这是田华的表演观。也正是这些感人的各具独特气质风格的系列形象，谱写了田艺术生命的嫣红历史，珍贵地保存了田华同志的艺术青春。

田华同志的系列银幕形象，曾经鼓舞着并会继续鼓舞着千百万人民为正义的事业进行斗争。田华同志的系列银幕形象的创作成就，也激励我们为民族电影事业的发展，为在我国银幕上出现更多地完美的动人的人物形象而努力。

（1990年在田华从事革命文艺工作五十周年座谈会上的发言）

述说一片肺腑之言

——在从事革命文艺工作五十周年纪念会上的发言

田 华

八一电影制片厂演员剧团、中国电影基金会、中国电影表演艺术学会八一分会联合举办了这次活动。目的是为了加强业务探讨、提高表演水平,更好地为社会主义文艺多做奉献。作为这次会议的"靶子",当然也有我一个发言。但不知为什么,提笔开了多次头,总是写不下去,五十年哪!要说要写的太多了……

从十二岁踏上军旅文艺单位,在六十年的人生道路上,风风雨雨,坎坎坷坷,我经历了多少酸甜苦辣啊!这篇发言确实很难写。我相信会上定有不少首长、前辈和青年朋友们十分深刻的即兴发言,比会前拟就的发言稿,更真实,更由衷。果然不出所料,与会者所讲的,不但对我五十年来的创作、做人,进行了评论,也对抗日战争中革命根据地的文艺,以及今天文艺界所存在的问题……作了评述。从而使我进一步认识到,这次活动,绝不仅仅是为我一个人召开的,也绝不是简单地为我的革命文艺生涯画的句号,更重要的是回顾过去,正视今天,展望未来。特别是在今天这次特殊的国际大气候下,弘扬革命文艺,颂扬革命根据地文艺大军的功绩,其意义更深远,更具有现实性。三个小时的会,我感触颇多,受益匪浅。

毛主席曾经说,文艺大军有两条战线:一条是国统区的大后方,一条是敌后各抗日根据地的文艺队伍。我就是被抗日战争的洪流卷进这支文艺大军的。在"农村包围城市"的这块沃土上南征北战;在抗敌剧社唱歌"文艺是我们的枪。舞台是我们的战场"中成长起来的;我由一个来自农村的孩子逐渐懂得了抗日救国的道理,革命事业,战士的责任,祖国的前程……在领导和同志们的真诚帮助下,我加入了共青团,加入了中国共产党,学会了跳舞、说普通话、演戏、上专业大学,后来随着新中国电影的诞生,又踏进了电影这个行当。我从孩子到青年、中年、老年,做了妻子、母亲、奶奶;从一头乌黑的青丝到满头白发……总之,我是由党、解放军、人民和我所有的领导和同志们培养起来的文艺工作者。因此,我把我的电影表演创作回顾一书题名为《沃土硝烟育我她》。正如魏风同志在会上所说,沃土能培育出鲜花,鲜艳的花朵,离不开沃土,但

田华与1940年抗敌剧社引路人葛振邦

田华与长影厂老厂长苏云

田华与原八一厂演员剧团政委薛骏

田华与原中影发行公司总经理胡健等人

在某种意义上说，沃土更重于花朵……所以说，我是党和人民、部队一手拉扯长大的，没有党，没有人民就没有我的今天。五十年是我学习做人、演戏的五十年。时至今天，我仍然"以认真演戏，老实做人"作为我的座右铭，指导我的一切。我深知自己的水平，我深知我是"吃几碗干饭的"，所以当聂帅给我的题词中写道"……五十年来成就辉煌。"我实感承受不起。我清楚地知道，这是针对整个革命文艺队伍的成就所指。我不过是"天边的彩云中那一滴滴晶莹的水，浩瀚的大海中那一朵小小的浪花"。

过去，当我年轻的时候，我在舞台和银幕上扮演主角，一些同志作配角，陪衬我；那么今天，当我白发霜染的花甲之年，我又怎样去为年轻的一代服务呢？当然是应当无私地为他们甘做绿叶，去全力烘托年轻人。

年龄不饶人。现在无论在舞台或在银幕上以老年人为主角的戏，实在是太少、太少了。"四人帮"被粉碎后，除了电影《法庭内外》中我演法官尚勤，还得过"金鸡奖"最佳女主角的提名；电视剧《卢沟桥畔》中因成功地塑造了女主角冯忠夏，被湖南电视台评为最佳女主演外，就几乎全是扮演镜头不多的配角了。人们常说"只有大小演员之分，没有大小角色之别"。今天，我要继续为革命文艺事业做奉献，邓小平同志在第四次文代会祝词中说"人民需要艺术，艺术更需要人民"。党和人民的需要就是一切！我要把这次纪念会作为我革命征程中新的起点，加油站！为了不辜负哺育我的人民，我要做一颗永不生锈的螺丝钉，献出我火红的一生。正如夏公为我题词中所说："青春永葆，为中国电影事业再立新功。"

第四编 温馨家庭

从河北唐县走来的田华与苏凡相识于战火纷飞的年代。1949年8月，他们结为夫妻，从此相伴一生。他们生育了三个儿子都在自己的岗位上建功立业。如今，伴随着家中第四代的出生，这个大家庭实现了"四世同堂"。享受着天伦之乐的田华，还时时关注着中国电影的繁荣发展，力所能及地参加电影节，出席各种座谈会、庆祝活动，继续为她所挚爱的电影事业发光发热。

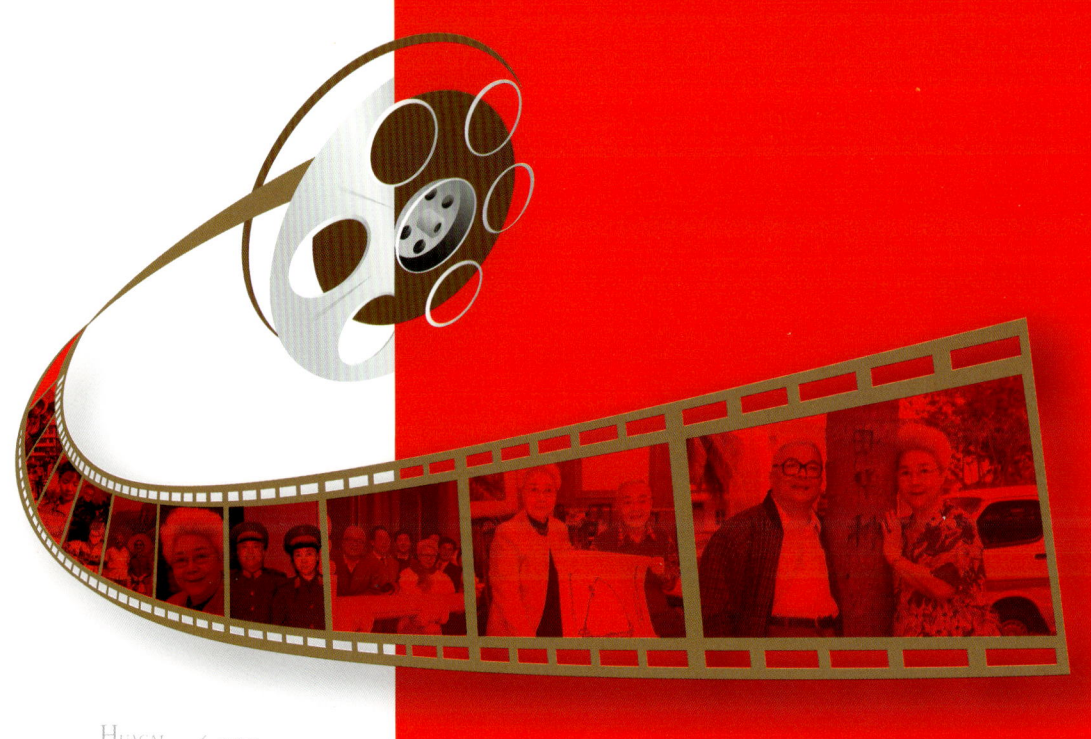

1946年，田华与苏凡初相恋时在河北省张家口市照相馆合影留念

一张糖纸定终身

1946年，田华与苏凡在河北省张家口市人民剧院楼顶阳台上留影（胡旭 摄）

12岁参军，成为部队的一个文艺小兵，在硝烟弥漫的战火中，田华逐渐成长，爱情也悄悄来到了她身边。

早年在"抗敌剧社"的时候，还是一脸稚气的田华就认识了从北平来的青年知识分子苏凡，原名杨振元的苏凡一见到田华，就被眼前这个纯情的女孩子所深深吸引。虽说当时还处在烽火连天的战争岁月，部队的生活极不稳定，但青春的萌动已经把时年只有16岁的田华和年方22岁的苏凡紧密地相连在一起。两个年轻人，由于抬头不见低头见的工作关系，情感日渐深厚，他们偷偷摸摸地频繁约见，相互之间悄悄地传送着爱的信物。

田华清楚地记得，有一次苏凡趁着到北平出差的机会，把平时省下来的伙食钱，给心上人买回了洋货巧克力。接到这个稀罕的礼物，田华自是欢喜，她把那甜到心窝里的巧克力小心地收藏，细细地品尝，还把巧克力糖纸悄悄地夹在书中间。也正是这张巧克力糖纸的出现，不经意间暴露了他们两个人的恋爱关系。由于两人都不到部队规定的恋爱年龄，组织上查明情况后，一纸调令把苏凡派到前方做战地记者，使两人难以相见。但是，由于苏凡难得的好人缘，虽说与田华暂时分隔两地，却不断有人替他传送信件，从而保持着和田华的密切联系。

1944年冬，苏凡从华北联合大学政治班调到抗敌剧社

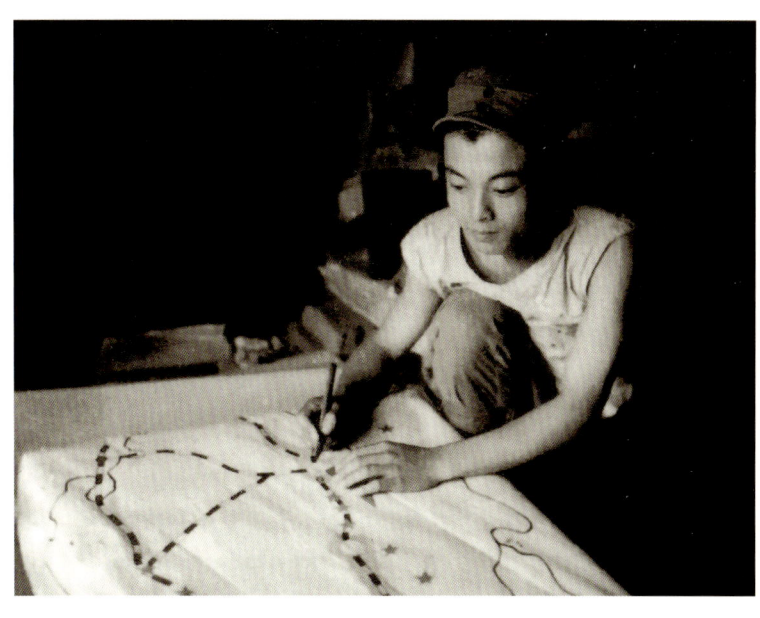

1947年，苏凡在晋察冀野战军第二纵队绘制作战地图（蔡尚雄 摄）

　　两年的时间，两人的情感交流不仅未中断，反而是与日俱增逐步升温。后来，苏凡平安地从战场上回来，看到他送给她的牛皮带和塑料梳子，还有袖珍词典等物品，都被田华视作宝贝保存着，很是感动。他们紧紧地拥抱在一起，不愿再分开。

　　1949年，已经在65军当上了文工团团长的苏凡，调回到了原单位的华北军区文工队。经华北军区批准，1949年8月4日，这对革命情侣终于走到了一起。为

1947年，苏凡在晋察冀野战军第二纵队担任宣传干事，在河北清风店战役后被击落的国民党飞机前留影（蔡尚雄 摄）

此，田华很自豪地说："我们是与共和国一道成长的。"在这期间，苏凡作为开国大典天安门舞美设计的负责人，率领舞美队用了仅仅28天的时间，完成了天安门的装修和舞台布置。这使他一直引以为豪。

田华在河北张家口的 N 个第一

第一次到城市

第一次坐火车

第一次逛古城

第一次逛百货商店

第一次见电灯

第一次使用自来水

第一次在照相馆照相

第一次看电影《灵与肉》（顾也鲁、王丹凤、英茵主演）

第一次吃巧克力

第一次谈恋爱

…… ……

逆光中的田华侧影（苏凡 摄）

田华生活留影

小儿子杨雪虹为妈妈拍下阅读《毛泽东选集》四卷的照片

丈夫苏凡在卧室为妻子拍下的生活留影

田华从少校晋升中校，正在缝制中校领章时，小儿子杨雪虹即兴为妈妈按下快门

田华与苏凡2009年"五一"劳动节在天安门城楼上

大红宫灯高高挂

1949年8月中旬,开国大典定在天安门广场举行,主席台就是天安门城楼。周恩来总理把布置城楼的任务交给了华北军区政治部。宣传部长张致祥把这项工作交给了华北军区政治部文工团的舞美队。担任舞美队队长的苏凡接受任务后,立即带领着舞美队的两位日本美工师肖野和森茂,到天安门进行实地测量。这时,天安门城楼已经搭上了脚手架,有人在粉刷,有人在拔屋顶上的杂草。天安门城楼上挂着写有"天安门"三个大字的巨幅匾额。望着眼前正在加紧清理的景象,苏凡知道这是一项非常艰巨的工作。此时,政协会议还没有召开,国旗国徽都没有定下来。设计开国大典的会场没有任何参考的依据。肖野和森茂原来都是日本美术专科学校毕业的,称得上是科班出身。长期的舞台美术创作实践,再加上吸取了中国北方农村风俗的元素,使他们有了创作灵感。他们夜以继日地工作,很快就拿出了20幅各式各样的设计草图。

1949年8月4日,田华与苏凡结婚照

田华、苏凡与证婚人原抗敌剧社舞蹈队队长郑红羽合影留念

1979年，田华在日本和当年天安门城楼宫灯设计者之一的日本友人小野旦夫妇在一起

张致祥将20张设计草图送到周总理的办公室。周总理最后选定了其中的一个设计方案：在城楼装上8个大红的宫灯、8面红旗，天安门正面墙壁上挂两条横幅，中间悬挂毛主席画像。周总理还对这幅设计图的一些局部进行了修改，他抹去了在金水桥栏杆上扎满彩球的设计，对张致祥说："把城楼突出表现出来就行了，其他地方不要搞得太花哨。大会会场的设计，一定要保持一种既喜庆欢乐又严肃庄重的气氛。"周总理要求最迟要在1949年9月28日将宫灯挂上天安门城楼。

这时，距开国大典只有20多天了。然而，找谁去制作这8盏宫灯呢？苏凡连续几天整日在北京城里跑，人家一听做那么大的宫灯，都纷纷摇头说做不了。眼看只剩下10天时间了！肖野想到北平城里过去经常有制作的小宫灯在市场上出售，找一个扎灯艺人来帮忙，舞美队就可以自己来做。经故宫的管理人员推荐，找到了一位七十多岁的老艺人。他也是第一次见到如此大胆的设计图，到天安门城楼上转了三圈后，提出这么大的宫灯只能在城楼上做，否则抬不上去。说干就干，苏凡立即买来绿竹、红布、黑钉、黄穗等材料，舞美队的全体人员都上了天安门城楼帮忙，老艺人带着徒弟并找来木工做宫灯的圆托，两位日本美工师负责画宫灯的云头和制作流苏。连续几天几夜，他们都没离开城楼。离大典还有一天时间，8个大红宫灯终于做成了。张致祥马上调来十几名身强力壮的战士，搬来梯子，几经周折，把这8个每盏高2.23米、周长8.05米、直径2.25米、重达80公斤的大红宫灯，安全地挂在了城楼上方原定设计的位置上。

开国大典前夜，苏凡住在城楼上陪伴着这些来之不易的大红宫灯。当晚在天安门城楼上值班的只有两个人，除了苏凡，就是负责保卫工作的陈琰。

在城楼值班的苏凡感到有些对不起新婚的妻子，因为8月4日结婚后就接到了这项艰巨的任务，之后就一直把田华独自留在家中，自己一直待在天安门城楼上。

夜已经深了，周总理再次来到天安门城楼上。他指着城楼正面屏风的设计，提出了自己的意见，认为中间的一个五角星，用红绸子散向四周闪着光芒，远看有些像越南的国旗。苏凡连夜又把两个美工师叫来商量。这时候，已经是凌晨3点，3个人谁也想不出怎么改，最后决定撤掉。屏风很大很重，根本来不及搬走，只好把上面的装饰拆下来，堆在休息室里，一直干到1949年10月1日清晨才最后完工。

10月1日下午，苏凡作为布置开国大典主会场的负责人，登上了天安门城楼。他回忆说，那天就站在电影演员白杨旁边，看见毛主席走过来和代表们一一握手。因为自己是工作人员，毛主席和白杨等代表握手时，就主动退后一步。白杨手里拿着一个16毫米的小摄像机，一边说一边拍着会场和周围的领导人，这是他第一次见到白杨手里拿着这么小的摄像机……

苏凡在天安门城楼上亲历了共和国历史上最精彩的时刻，是他一生中最难忘的记忆，特别是每当提到天安门城楼上的8个大红灯，他脸上就浮现出自豪的笑容，这笑容也包含着对新婚的田华独守空房的愧疚和感激。

漫长的岁月里，田华和苏凡一直是像当初相恋相爱一样，无论世事出现何种变化，都自始至终守护着坚不可摧的爱情，"相互理解，相互信任，以诚相待"，这就是田华与苏凡爱情永不褪色的答案。

田华与苏凡在1949年结婚后，回河北涿州永乐村老家探望婆婆

田华在1954年与在公安部一局任副局长的大哥王一鸣及战友合影

田华与大哥王一鸣一家人合影

苏凡、田华夫妇蓝宝石婚纪念照

田华和苏凡夫妇1981年秋在河北阜平高阜口拍摄电影《柯棣华大夫》时留影

在颐和园"听鹂馆"，田华69岁生日时留影

2013年苏凡九十寿辰时

2015年1月，田华和苏凡与妹夫贾六、堂妹改地夫妇合影

田华和苏凡一辈子相亲相爱、相敬如宾,这是孩子们从国外给父母带回的花衣服

田华和苏凡1962年拍摄《碧海丹心》时,在三亚海军基地种下椰子树,40年后在树下合影

1962年10月，田华与苏凡在书房观看从三亚带回的大海螺

与孙子杨萧

1962年，田华与三个儿子（苏凡 摄）

1961年，田华与天荣姐及孩子们

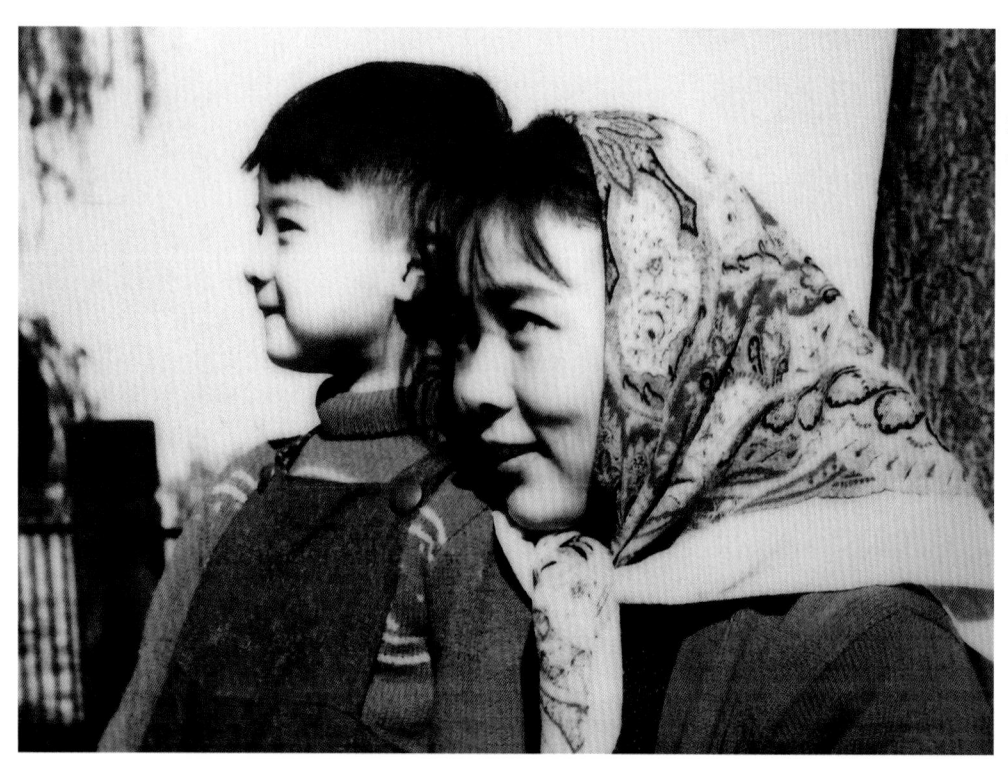

1957年，田华在北京后海与二儿子杨雪培一起游园时留影

1967年，大儿子杨雪雷参军前，田华和苏凡在帘子库8号奶奶家和孩子们合影留念

1973年，大儿子杨雪雷参军5年后第一次回京探亲，二儿子杨雪培从内蒙古兵团回京在北京地毯厂学习，小儿子杨雪虹上职高，全家团聚

2004年，田华、苏凡和孩子们时隔44年后，在北京北海公园的九龙壁前再度合影留念

1960年田华、苏凡与孩子们在北京北海公园九龙壁前合影留念

2003年，苏凡八十寿辰，田华与他的弟弟杨振业、杨振惠几家人在一起聚会

2013年5月，田华携儿孙们给90岁的苏凡庆寿

田华、苏凡夫妇和儿孙三代人合影（马卓新 摄）

2013年8月4日，苏凡、田华结婚64周年纪念日留影

苏凡、田华与孙子杨天熠

田华与孙子杨潇

田华与大孙子杨羽

田华与重孙杨凯伊

田华与重孙杨科平

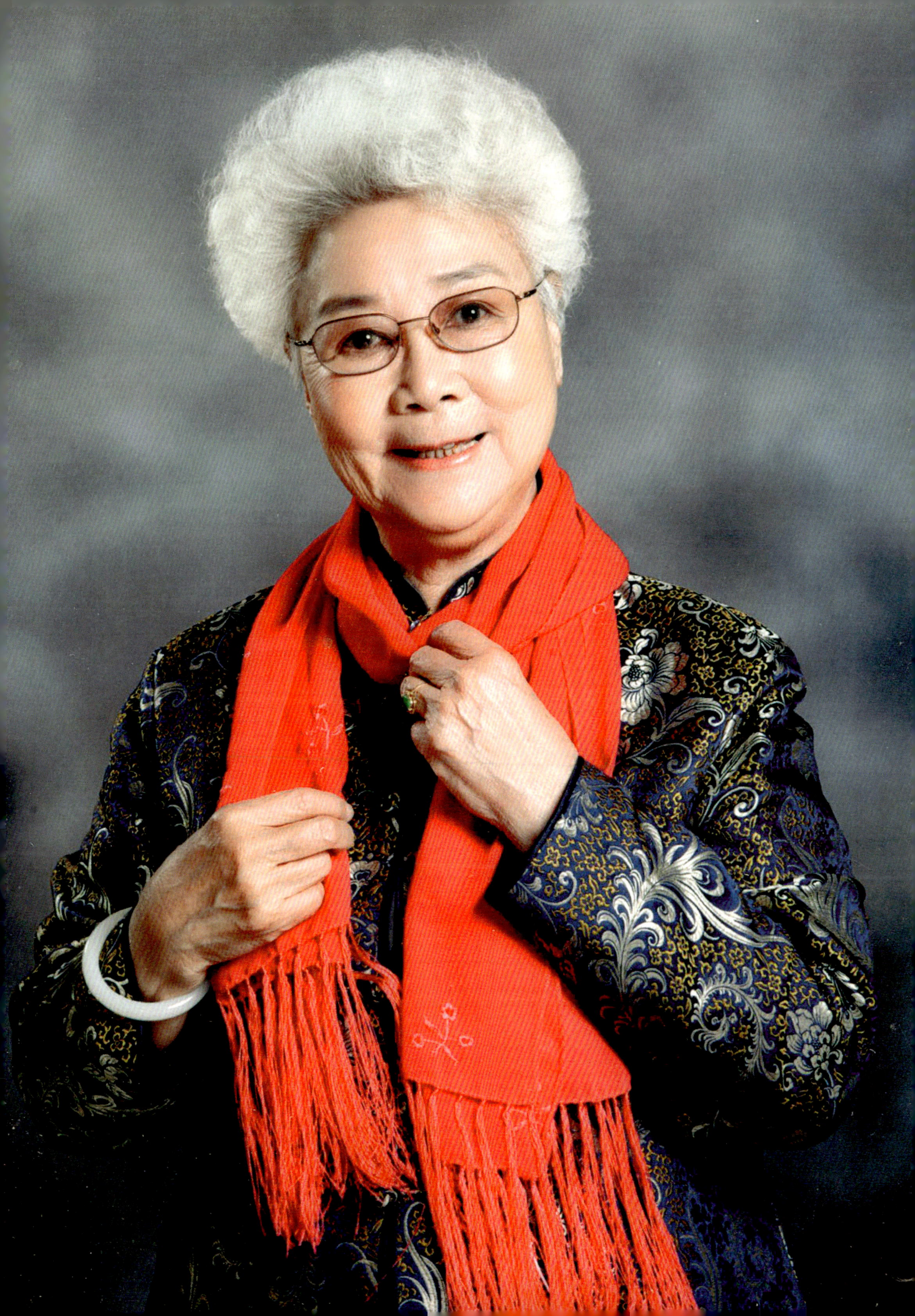

第五编

她，就是党的女儿

《中国文艺·向经典致敬——田华》致敬词：

从黑白、无声到彩色、数码，你见证中国电影的成长壮大；从大戏主演到配角客串，你敬畏每个角色，丝毫不差；年过耄耋，却躬身为桥，度艺度心度年华，残龄花甲，仍立身为梯，举人举梦举百花；即便满头银发，不失当年优雅，笑就笑得灿烂，白就白得无瑕。

李前宽速写田华肖像

为田华创作的诗朗诵
《党给了我艺术青春》

军旅词作家 石祥

我是一个党的女儿，
我是一个文艺老兵，
为庆祝党的八十诞辰，
我还要深情地喊一声：
党啊——母亲！
我从小没有妈妈，
是个没有娘的孩子，
十二岁参加了八路军，
十六岁投入到党的怀抱，
我找到了永远的母亲！
是党把我从一个不懂事的孩子，
托上了革命文艺舞台。
我演过电影《白毛女》，
白毛女成了我的化身，
我演过电影《党的女儿》，
党的女儿铸就了我的心。
党给了我幸福，
党给了我光荣，
党给了我艺术青春，
给了我不老的灵魂，
一头银发，
一身戎装，
我永远是党的女儿，
永远忠于党——
我永远的母亲！

当选新中国"22大电影明星"

1961年7月,全国故事片创作会议在北京新侨饭店隆重举行。

田华与八一厂代表陈播、王冰、刘季云等人一同出席了会议,会议间隙,还荣幸地应邀前往敬爱的周恩来总理中南海西花厅的家中,与周总理和邓大姐共进午餐。随后,又在次日一起来到香山碧云寺和八大处参观游览。

周总理非常关心电影艺术家的事业发展,为了鼓励他们创作更多的优秀作品奉献给广大观众,在周恩来总理积极倡议下,开始了新中国"22大电影明星"评选活动。赵丹、白杨、张瑞芳、上官云珠、秦怡、王丹凤、孙道临、祝希娟、崔嵬、谢添、张平、陈强、于蓝、于洋、谢芳、李亚林、张圆、庞学勤、金迪、田华、王心刚、王晓棠共计22位老、中、青电影演员,从上影、北影、长影和八一厂脱颖而出。1962年,"22大电影明星"巨幅照片率先在位于虎坊桥附近的北京工人俱乐部内高高悬挂。

自此,全国各地大中小城镇的电影放映院紧随其后,"22大电影明星"家喻户晓,深入人心。

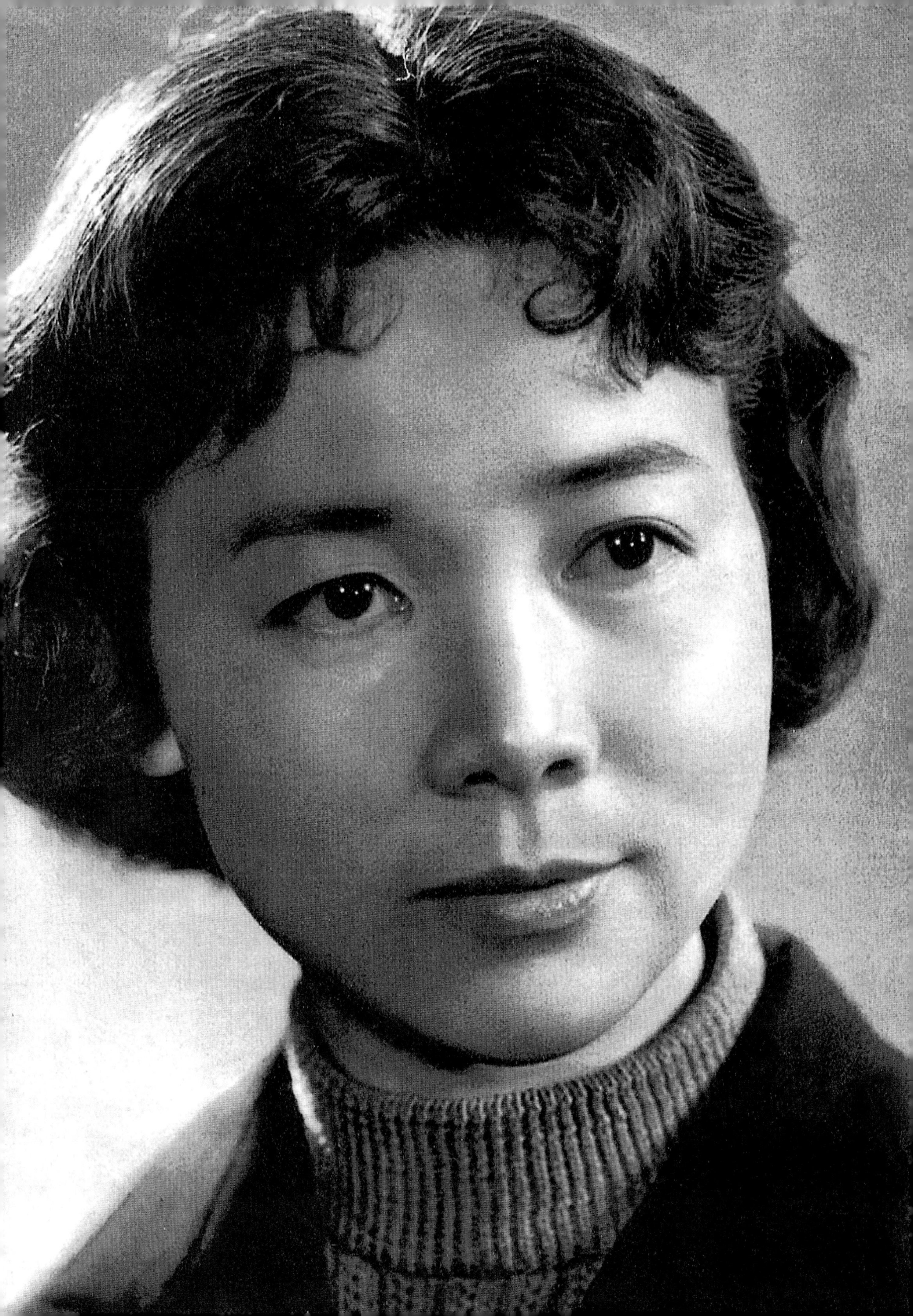

2012年，田华与于蓝、秦怡、于洋、杨静、王晓棠、谢芳、金迪、祝希娟等人在新中国"22大电影明星"诞生50周年大型文艺演出上

田华在不同时期荣获的勋章和奖章

1955年获三级独立自由勋章

1955年获三级解放勋章

1955年获青年社会主义建设积极分子大会奖章

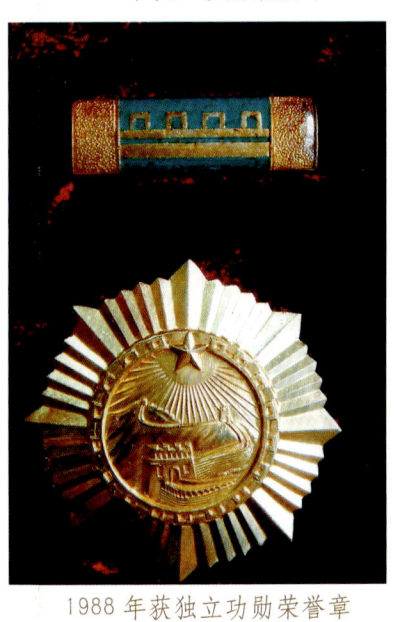

1988年获独立功勋荣誉章

2017年获全国道德模范老有所为奉献奖章

2000年获全国关心下一代优秀工作者奖章

关于表彰国家有突出贡献电影艺术家的决定

国人部发〔2005〕131号

各省、自治区、直辖市人事厅（局）、广电局（厅）、电影（影视）家协会，解放军总政治部宣传部，国家有关文艺团体、艺术院校，中国电影家协会，国家广电总局机关各司局、直属各单位：

2005年是中国电影诞生100周年。一百年来，中国电影伴随着中国历史发展、社会进步、科技水平和人民生活水平的不断提高，得到了长足的发展，取得了辉煌的成就。新中国成立特别是改革开放以来，广大电影工作者在党的领导下艰苦奋斗、勇于探索、大胆创新，创作出一批又一批反映现实生活、体现时代精神的精品力作，塑造出一个又一个感人至深的经典银幕形象，谱写了中国电影发展史乃至世界电影发展史上的光辉篇章，创造了二十世纪以来中国文化的宝贵财富，涌现出了一大批有突出贡献、德艺双馨的电影艺术家。

为纪念中国电影诞生100周年，继承发扬中国电影的优良传统，激励电影工作者团结奋进，推动中国电影事业繁荣发展，人事部、国家广电总局决定，授予张瑞芳等50名同志"国家有突出贡献电影艺术家"荣誉称号。被授予"国家有突出贡献电影艺术家"荣誉称号的同志享受省部级劳动模范和先进工作者待遇。希望受到表彰的电影艺术家珍惜荣誉，戒骄戒躁，再接再厉，努力为中国电影的繁荣发展再立新功！

全国广大电影工作者要以国家有突出贡献电影艺术家为榜样，在以胡锦涛同志为总书记的党中央领导下，高举邓小平理论和"三个代表"重要思想伟大旗帜，认真贯彻党的十六大和十六届三中、四中、五中全会精神，全面贯彻落实科学发展观，坚持先进文化的前进方向，坚持"二为"方向和"双百"方针，坚持"三贴近"，进一步解放思想，实事求是，开拓创新，与时俱进，努力创作出更多更好的优秀作品，为繁荣社会主义文化、满足人民群众日益增长的精神文化需求，为全面建设小康社会、构建社会主义和谐社会不断做出新的更大的贡献！

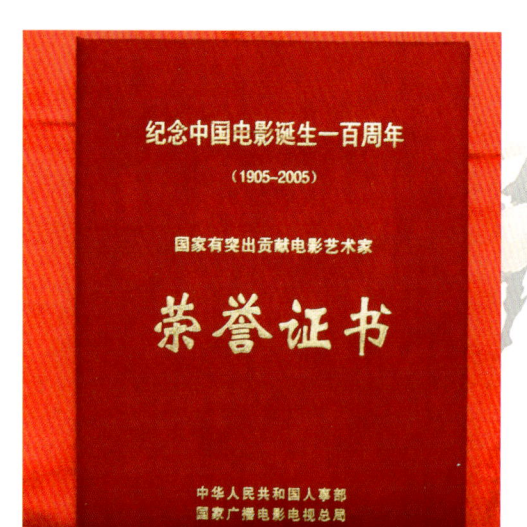

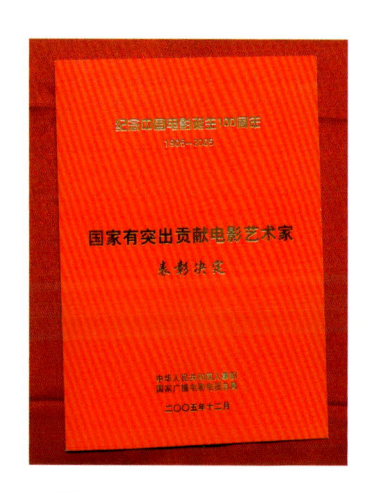

附件：国家有突出贡献电影艺术家名单

二〇〇五年十二月十三日

2005年，在中国电影诞生100周年纪念活动中，田华被中华人民共和国人事部、国家广播电影电视总局授予"国家有突出贡献电影艺术家"荣誉称号

荣获中国电影金鸡奖**终身成就奖**

2010年，田华荣获中国电影金鸡奖终身成就奖（摄影 于辉）

  如果一位老人80岁还活跃在银幕上，那么她的一生可以说是幸福的。70年前，她带着泥土的芳香参军了，没想到一干就是一辈子；60年前，她是红遍大江南北的白毛女；50年前，她被观众亲切地称为党的女儿；身为演员，她用自己真挚的感情塑造一个又一个鲜活的人物形象。她是文艺兵中最具生命力的铿锵玫瑰，她就是田华老师！

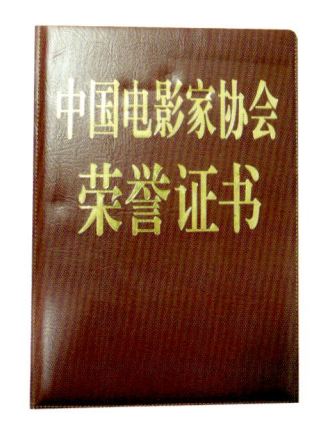

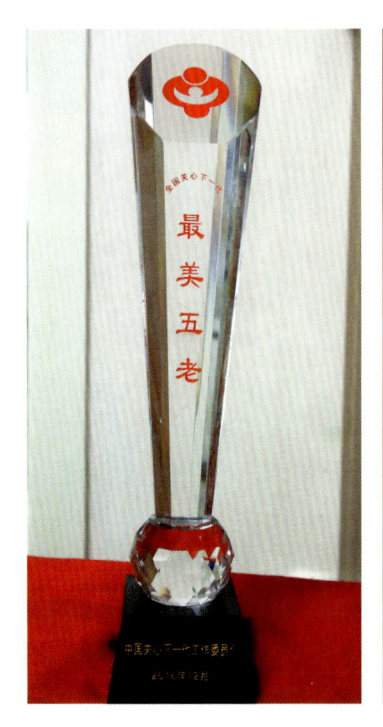

田华在全国关心下一代"最美五老"表彰会上获得殊荣

2015年9月3日，田华在参加纪念中国人民抗日战争暨世界反法西斯战争胜利70周年阅兵式老兵方阵上受习近平主席检阅

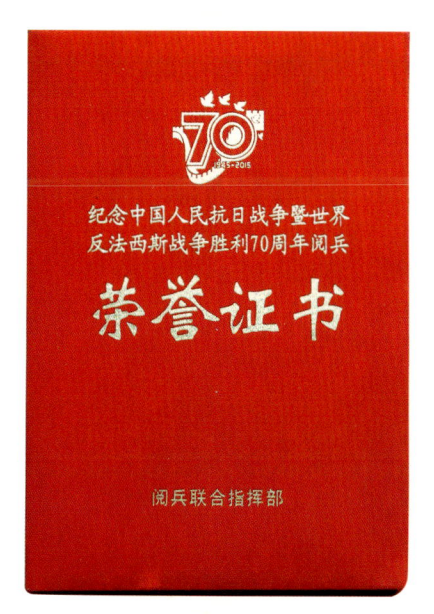

田华同志参加工作一直到今天的历史过程，从这过程里边，对人民群众，对战争的贡献，给以完全肯定，希望田华同志在不久的将来能创作出新的作品，为广大人民群众所需要，这方面我也有同感，也希望这样。这些光辉的成就和成绩已经过去，但是她的影响，她的优良的传统会影响到现在，必影响到将来，加上田华同志要有新的作品，那就更好地更受到人民群众和世界人民的欢迎，所以在这方面，我们应该很好地继承过去的光荣传统，很好地继承先进、进步的文艺思想，对新的一代知识分子，新的一代文学艺术工作者，要好好地给以帮助，给以引导。田华同志和我们有一个重要的任务，就是要影响教育青年，使我们的社会主义建设真正能做到国富民强，我想这方面就算我今天在说贺田华同志五十周年的时候，给同志们的一个希望，也是我个人的一点感触。

（原抗敌剧社社长，总政文化部副部长　丁里）

2019年，慰问国庆七十周年受阅士兵时在南口训练场留影

荣获"中国电影金鸡奖"终身成就奖感言

田华

相约幸福江阴，共享中国电影。在中国电影105年的前夕，在江阴，我拿到了一个终身成就奖。这不是我的，这是伟大的祖国伟大的人民的，因为人民养育了我，人民使我成长为一个老的文艺工作者，使我成为文化战线上一个小小的螺丝钉。我也是80后的。我觉得我并不老！至少说我的心不老，我不会在终身成就奖的下面画句号，要在终身成就奖的基础上，再起步，因为我没有老、我不服老；我觉得人民还需要我，文艺工作还需要我，电影还需要我，马克思还不要我。我做的工作太少，由于种种原因，我失掉了十年，我要一年拍一部电影，我还有十部呢！但是我做得那么少你们给的我那么多，所以我要活着，我要继续干。

你们年轻，我们也年轻，你们年轻总是写在脸上，我们年轻总是藏在心房；你们做梦，我们也做梦，你们做梦充满了遐想，我们做梦从来不去多想；你们有爱情，我们也有爱情啊，你们的爱情讲究是热烈奔放，我们的爱情讲究的是日久天长；你们是财富，我们也是财富，你们的财富在于来日方长，我们的财富在于饱经沧桑；你们是太阳，我们也是太阳，你们是一轮火红的朝阳蒸蒸日上，我们是一抹绚丽的夕阳同样灿烂辉煌。

朋友，朋友们，不要看我们年过半百、银发飘零，归根的落叶尚能肥沃泥土，将落的夕阳意在点燃繁星，我们为什么离休而不离伍，只要雄心不老就有无尽的潜能。儿子说你该种花养鱼、散步练功到河边，去垂钓那晚年的安宁；女儿说你该游山玩水、寻访亲朋，尽享那天伦之乐和大自然的恬淡风情，而我们却怅然若失啊、食睡不宁，岂能躺在功劳簿上领取百分之百的薪俸？！是的，我们曾饱尝过凄风苦雨的血腥，秀发和青春已献给共和国的黎明，青纱帐里有我们血染的琴弦，行军路上有我们舞动的歌声，朝鲜战场有我们包扎的绷带，边防前沿有我们演唱的哨棚。岁月的犁耙已在我们的额头耕满了皱纹，征战的马背也悄悄驶走了开花的年龄，我们本应摘取更多艺术的桂冠，最宝贵的十年啊，又被牛棚所蹂躏，然而我们毕竟是战争的幸存者，多少战友献出了他们年轻的生命，梦里浮现了他们驰骋沙场的身影，醒来又记得那神采飞扬的音容……想到这些，我们每每热泪纵横，为了他们我们也要重上舞台、拼尽余生，毕竟我们还有丰富的舞台经验，哪怕是残烛也要放射热量和光明，何况我们雄心犹存、血热气盛，敢于登台，就意味着我们还年轻！我们多想变成夏夜的一缕清风，送给您紧张工作后的一点点轻松，我们多想变成悠扬的晨钟，轻轻为您歌唱，默默地伴随您攀登。瞧！改革的大潮激荡千里、波飞浪涌，怎能不令我们老骥奋蹄萧萧长鸣，这是民族崛起的又一次深刻变革，它像总攻的号令绷紧了我们的每根神经。我们要以文艺为武器而抒怀呐喊，像当年，在沦陷的街头，挥舞着救亡的话筒。愈近晚年，愈珍惜人生的旅程啊！我们多么想做改革者那弄潮的帆篷，或者将肩膀化作攻坚的云梯。踏上来吧，一代年轻有为的精英。我们向你们学习，把你们称颂，献上老文艺战士由衷由表的致敬。谢谢，谢谢！

2010年10月16日

永远做党的女儿

田 华

习近平总书记在文艺工作座谈会上指出："广大文艺工作者要高扬社会主义核心价值观的旗帜，把社会主义核心价值观生动活泼、活灵活现地体现在文艺创作之中，用栩栩如生的作品形象告诉人们什么是应该肯定和赞扬的，什么是必须反对和否定的，做到春风化雨、润物无声。"作为一名从事军队文艺工作70多年的老兵，我深知，牢记神圣使命，自觉践行社会主义核心价值观，任何时候都不能忘，不能丢。面对当前价值观念多元化的现实，每一名军队文艺工作者都有责任有义务以传播和践行社会主义核心价值观为光荣而神圣的使命，在全社会树立良好形象，赢得人民群众的认可和尊重。

一

　　信仰，源自灵魂需要。只有牢固树立一心向党的思想观念，以忠诚于党，听党话跟党走作为最高行为准则，才能增强对社会主义核心价值观的政治认同、理论认同、情感认同。我从一个12岁的农村小姑娘成长为一名军人、一位人民艺术家，我要感谢党和军队的培养，感谢军队电影事业，感谢八一厂！我生长在河北省一个落后的小山村，儿时的记忆大都是亲人被日本鬼子残害的场景。我三哥于1937年聂荣臻部队来河北的时候当兵，第二年牺牲在冀东的一场战役里；二哥在区里工作，在一次鬼子扫荡中牺牲：他们都是无名的烈士。我大伯被烧死在红薯窖里；大姐被一边喊"花姑娘"一边追赶的鬼子吓疯了；我父亲也被敌人抓去最后病倒身亡。这一切对我的人生影响巨大。我12岁的时候报名参加抗敌剧社，成为儿童舞蹈队的一员，开始接受党和军队的培养，我的名字田华就是汪洋副社长替我改的。当时剧社活动特别多，慰问战士、群众宣传、驻地教歌、开办识字班等，给我提供了很多学习进步的机会。记得第一次正式演出是慰问参加"百团大战"的革命队伍，在一个舞蹈的最后，我爬上梯子向凯旋的抗日官兵敬礼，直到最后一个士兵通过，胳膊都举酸了，但是我心里特别高兴，特别骄傲，因为这是我参军后的第一个正式角色。从此，我参加了剧社创作的《子弟兵和老百姓》《让地雷活起来》《红枪会》等文艺节目，还经过无人区到山西敌后炮楼下的农村去演出，历经炮火的锤炼。1943年，敌人的扫荡更加残酷，剧社小鬼队大多数人去了延安，只有我和另外两名同志留下，我们急得直哭，一心想跟随他们到毛主席身边去，但是根据任务需要，我们再着急也要做到"听党的话，哪里需要哪里去"。

　　16岁那年，我入了党。在面向党旗宣誓时就决心一生为人民服务，一辈子对党忠诚。从抗日战争到解放战争，部队打到哪里，我就跟随着抗敌剧社到哪里。从保定、石家庄到天津，再到张家口、宣化到北京，为部队官兵演，为驻地群众演，还曾在张家口为苏联红军演出。1950年，我参加了电影《白毛女》的拍摄，成为新中国培养的第一代电影演员。1951年，影片《白毛女》正式公映，当时红遍了全国。1958年，我在影片《党的女儿》中扮演李玉梅的形象，这对于我来说是一部具有里程碑意义的作品。当时很少写影评的茅盾破例发表了《关于〈党的女儿〉》的评论文章，评价"田华塑造的李玉梅形象是卓越的。没有她的表演，这部电影就不能给人以那样深刻而强烈的感染"。对于"党的女儿"形象，我个人感觉不是在表演，而是真情流露。比较了解我的人评价说，这是党的女儿演"党的女儿"，我认为这是最贴切的比喻，是最大的激励和鼓舞。我自小就失去了娘，一天只能吃两顿饭,年关要账的来了,父亲就出去躲债。从我12岁当兵起,我的生活才翻开了新的一页。部队就像一个大家庭,党就像我的母亲,不止教会我本事,还在生活上照顾我,给我温暖和依靠。战争让我从无知的孩子成长为有理想、有追求、为民族解放而战斗的女战士,可以说是党和军队培养了我,教育了我,我就是党的女儿。

二

个人的成长进步是组织培养和个人努力相互作用的结果,只有把人生价值与对党、国家和人民所做的贡献紧密相连,才是真正充满光彩和活力的人生。1958年,八一电影制片厂拍摄影片《江山多娇》时,特意邀请我扮演剧中的女青年岳仙,1959年我又参加了新中国成立10周年献礼片之一《风暴》的拍摄,扮演剧中林祥谦的妻子陈桂贞。之后,我被正式调入八一电影制片厂演员剧团,成了一名军队电影演员。我先后参加拍摄了《碧海丹心》《夺印》《白求恩大夫》《秘密图纸》《奴隶的女儿》《猎字99号》《法庭内外》《通天塔》《许茂和他的女儿们》等10多部电影,受到全国观众的喜爱,入选新中国"22大电影明星"行列,荣获第30届大众电影百花奖终身成就奖,获得"中国电影世纪奖"称号。这些成绩的取得,很大程度上来源于我对党的忠诚和承诺,总想着母亲给予我这么多,我必须为母亲做些什么。1986年,我带领剧团演员到云南老山前线慰问部队。我们18人的演出小分队背上八一电影制片厂的影片,直奔老山前线,一走就是9天,连续演出20多场,官兵最多时一场达到2000多人,少的只有一个炮位上的几名战士。有的哨所实在上不去。我们就用电话给战士唱歌、朗诵、讲故事,从一个阵地跑到另一个阵地,从一个炮位跑到另一个炮位,从一个"猫耳洞"钻到另一个"猫耳洞",他们称赞我们演出小分队是"十八棵青松"。

2017年,田华获得全国第六届道德模范称号时

1990年,我62岁时从工作岗位上离休了,但我一辈子都是党的女儿,为人民服务,为部队官兵服务的职责和使命永远不能忘。国家的重要纪念和庆祝活动、重要节日、重大演出、赈灾义演等活动,我都义不容辞地参加。2009年9月,我参加庆祝新中国成立60周年举办的大型音乐舞蹈史诗《复兴之路》,和陈铎一起朗诵诗歌,每次反反复复需要几十遍排练,我腿部骨膜炎急性发作,靠偷偷吃止疼片坚持了下来。没让任何人发现,不愿意让别人操心,因为没

有党就没有我的今天，没有部队就没有我的事业，只要身体允许，我就坚持演下去，趁着自己这颗螺丝钉还没有完全老化，尽最大努力发出更多的光和热。我还联合老艺术家们筹建希望小学，被"山花工程"执委会授予"爱心大使"，为革命老区的孩子们献上一份绵薄之力。我始终告诫自己要做一个有奉献的人，还艺于民，这也是我的座右铭。

三

榜样的力量是无穷的，军队文艺工作者特别是电影工作者一直站在践行社会主义核心价值观、传播真善美的最前沿。党的十八大以来，在新的历史起点上，习近平总书记发出实现中国梦强军梦的伟大号召，在"8.19"重要讲话和十八届三中全会上，都对做好新形势下的宣传思想工作做了深刻阐述。今天的八一电影制片厂仍然担负着繁荣发展军队影视事业，弘扬社会主义先进文化的重任。新一代的八一电影人始终胸怀大局，以执着的艺术追求，坚决贯彻落实党的文艺路线方针政策，旗帜鲜明地弘扬时代主旋律。而我们这些老电影人，始终忠于党，始终热爱军队电影事业，始终在践行社会主义核心价值观中模范带头，树好形象，为年轻的八一电影人点亮一盏心中的明灯。

当今社会娱乐圈乱象频出，明星涉黄涉赌涉毒现象不断，归根结底是因为精神上的空虚导致物质生活上的放纵，这是对社会主义核心价值观的忽视。没有风清气正的环境，哪能出质量一流、与国际接轨的艺术作品？我时刻用别人送我的一句话来提醒自己，"身在名利中，心在名利外"，从不去攀比物质生活，经常用他人的奉献对比自己的不足。家里条件再苦，我从来没接过广告，因为我不能让观众觉得"党的女儿"还向金钱看。对于一名军队老文艺工作者来说，我们有自己的精神财富，就像我在一首诗中说的："我们不老，你们的年轻时刻写在脸上，我们的年轻深深地刻在心里；你们有财富了，我们也有财富，你们的财富是来日方长，我们的财富是饱经沧桑。"对于我这样一位86岁、有着70年党龄的文艺工作者来说，人生的阅历和感悟就是我们最大的财富。党的女儿铸就了我的心，为党服务、为人民服务的心永远是年轻。最近八一电影制片厂和中共北京市委宣传部合拍了一部影片《天河》，我和很多八一电影制片厂老艺术家参加了义演，精心挑选符合剧中人物气质的服装，每人只有几句台词也一丝不苟，焕发着热情与激情。未来的日子里，我们将在自觉践行社会主义核心价值观的实践中永远做"党的女儿"，树立良好形象，为八一电影制片厂增光添彩，为强国强军再立新功。

写于参加习近平总书记主持召开全国文艺工作座谈会之时

2014年10月15日

田华小儿子杨雪虹病重时,为母亲精心制作的一张电影集锦图片,以示永久纪念

田华与许还山在电影节红地毯仪式上与广大观众见面

田华 电影电视作品

年份	作品
1951	《白毛女》
1957	《花好月圆》
1958	《党的女儿》
1959	《风暴》
1960	《江山多娇》
1962	《碧海丹心》
1963	《夺印》
1964	《白求恩大夫》
1965	《秘密图纸》
1978	《猎字99号》《奴隶的女儿》《峥嵘岁月》
1980	《法庭内外》
1981	《许茂和他的女儿们》
1985	《通天塔》
1986	《党小组长》、《决策》、《小铃铛》（续集）
1988	《柳菲的遗书》《多梦时节》
2007	《马石山十勇士》
2008	《寻找成龙》
2012	《飞跃老人院》
2014	《天河》
2015	《西藏班》
2018	《一切如你》

参加拍摄：

《卢沟桥畔》《柏油路上的战争》《太阳有七种颜色》《升旗手》等电视剧

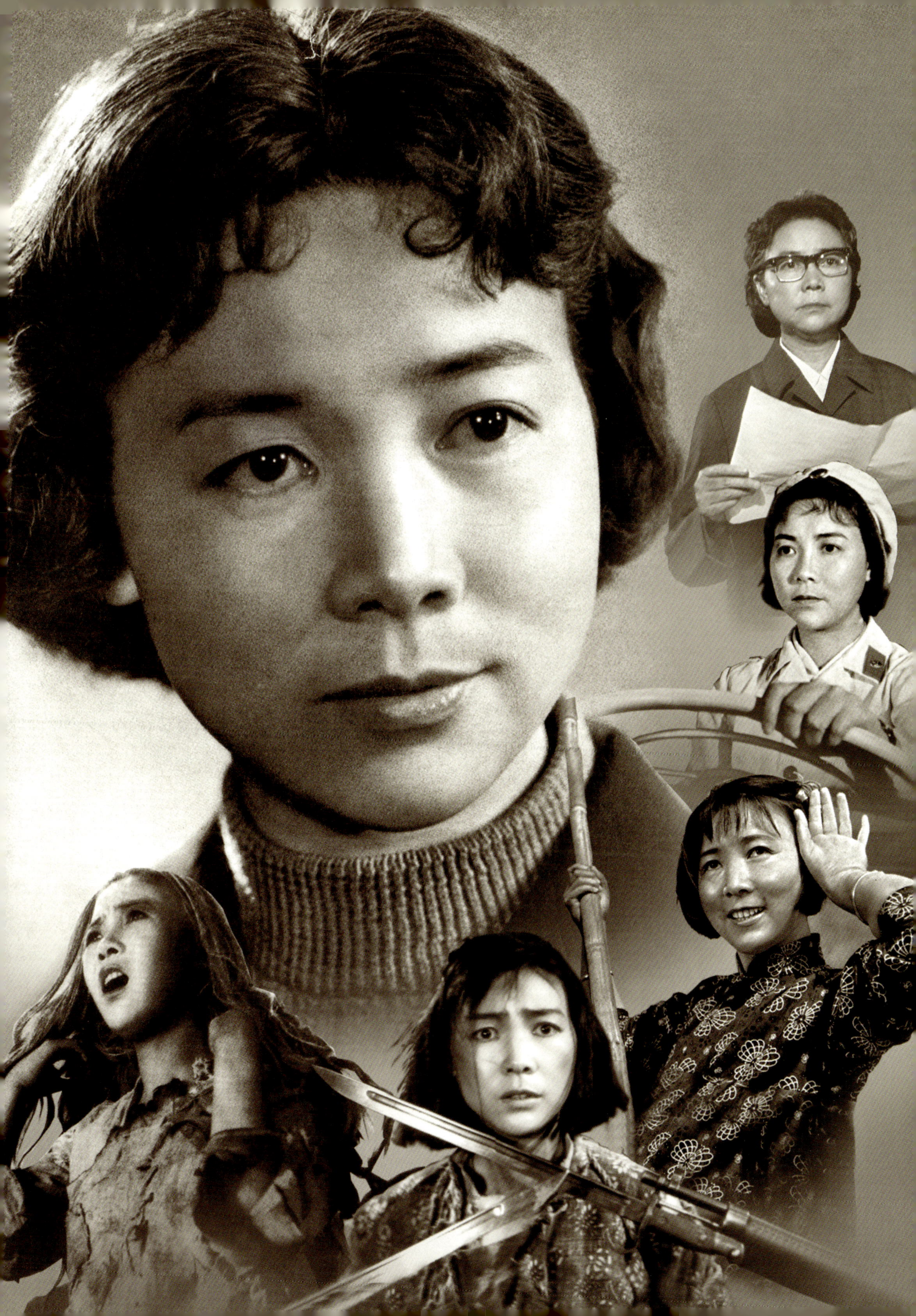

[编后记]

　　田华老师是新中国培养起来的一代著名电影表演艺术家。她用精湛的演技塑造的一系列精彩的银幕形象，在中国电影的长廊中熠熠生辉。她的优秀作品反映了中国革命所走过的艰难历程，折射了新中国的发展道路，和祖国的建设息息相关。从影几十年，她用丰富的表演经验写就了一本生动的教科书。为此，为田华老师编纂一本画传，展示她的艺术人生，总结传承她的表演经验，学习她德艺双馨的优秀品质，回馈热爱她的广大观众，是我们久已的愿望。在中国文联的大力支持下，在中国影协的关心帮助下，这一心愿得以实现。在编辑本书过程中，田华老师不顾年事已高，参加编辑会议，商讨出书方案，亲自审看稿件，多次提供了非常详实丰富的史料和照片。刘澍在浩繁的照片和史料中进行甄选编著。家属积极配合，提出了很好的建议和意见，并参加审稿工作。中国电影出版社的编辑们精心打磨，精益求精。正是大家的共同努力，才完成了本书的出版工作。

　　因年代久远，书中所使用的照片，除了已署名的外，其作者已无从查起，对此我们深表歉意。感谢他们用相机记录下的珍贵的历史瞬间。这些照片增加了本书的可读性和真实性。

　　由于水平所限，尽管我们非常努力，本书仍难免存在一些不足和遗漏遗憾之处，还请广大读者给予充分的原谅和理解。

编者
2019 年 6 月

图书在版编目（CIP）数据

华彩人生：田华画传 / 柳秀文主编；刘澍编著. —北京：中国电影出版社，2020.9
ISBN 978-7-106-05106-8

Ⅰ. ①华… Ⅱ. ①柳… ②刘… Ⅲ. ①田华—传记—画册 Ⅳ. ①K825.78-64

中国版本图书馆CIP数据核字（2020）第144118号

责任编辑：卢红丹
装帧设计：联创睿合
责任校对：林　娜
责任印制：赵匡京

华彩人生：田华画传

柳秀文　主编　　刘　澍　编著

出版发行	中国电影出版社（北京北三环东路22号）　邮编：100013
	电话：64296664（总编室）　　64216278（发行部）
	64296742（读者服务部）　E-mail：cfpbjb@126.com
经　销	新华书店
印　刷	中国电影出版社印刷厂
版　次	2020年10月第1版　2020年10月北京第1次印刷
开　本	889×1194　1/16
印　张	17.75
字　数	300千字
定　价	198.00元